Ihr Hobby

Aquarienpraxis

Bernd Degen &
Dr. Jürgen Schmidt

INHALTSVERZEICHNIS

by bede-Verlag, Bühlfelderweg 12, D-94239 Ruhmannsfelden
E-mail: bede-Verlag@t-online.de; Internet: http://www.bede-verlag.de
Konzept der Reihe „Ihr Hobby…", Herstellung und Gestaltung: bede-Verlag

Bildnachweis: M.-P. & C. Piednoir/Aqua Press (U1, 5 u.), Hub Custers (79), Yvette Tavernier (1, 9 o.l., o.r., u.l., u.r., 10 o., u., 15 o., m., u., 16, 49 u., 62 o., m., u., 64 o., u., 65 o., u., 78 u.) oder bede-Verlag.

ISBN: 3-933 646-45-6
bede-Bestellnummer: HO 380

Das Junior-Aquarium

Für den Neueinsteiger in die Aquaristik oder für junge Aquarianer ist es wichtig, daß das Aquarium möglichst einfach in Betrieb zu nehmen und zu betreuen ist. Glücklicherweise hat sich der Fachhandel auf diese Anforderungen eingestellt, so daß manche Hersteller heute praktikable und leicht zu durchschauende Systeme anbieten, die zudem meist noch zu sehr attraktiven Preisen erhältlich sind. So fällt der Einstieg in die Aquaristik leicht.

Poecilia reticulata

Die Rückwand

Um eine möglichst einfache Rückwand zu erhalten, erwerben Sie einfach eine bedruckte Folie bei Ihrem Zoohändler, der Bilder von Aquarien mit unterschiedlichem Dekor führt, so daß auch zu spezielleren Themenaquarien passende Rückwandfolien erhältlich sind. Die Folie muß außen angeklebt werden, da sie Weichmacher enthält, die ins Wasser in Lösung gehen und die Fische schädigen könnten.

Der Standort

Die Auswahl des richtigen Standorts ist wichtig. Direktes Sonnenlicht muß vermieden werden, obwohl einige Stunden Morgensonne eher nützen als schaden. Direktes Mittags- und Abendsonnenlicht würde die Algenbildung fördern. Außerdem darf das Aquarium nicht direkt vor Heizungen, Heizungsrohren oder Klimaanlagen plaziert werden, damit später eine optimale Wassertemperatur eingeregelt werden kann.

Wichtig ist, daß der Tisch oder Schrank, auf dem Sie das Aquarium aufstellen, das zu erwartende Gewicht tragen kann. Ein volles Aquarium wiegt je Liter über ein Kilo, da ja auch das Glas und das Einrichtungmaterial mitgerechnet werden müssen. Ausfließendes Wasser könnte Schäden an elektrischen Geräten und anderen Dingen verursachen, auch dies ist beim Aufstellungsort zu berücksichtigen. Generell stellen Sie Ihr Aquarium an einem Standort auf, an dem eventuell überfließendes Wasser möglichst wenig Schaden verursachen kann. Am besten plazieren Sie Ihr Aquarium auf einen speziell dafür hergestellten Ständer oder wasserfesten Schrank, den Sie bei Ihrem Zoofachhändler erhalten.

Beachten Sie auch die Nähe zu einer Steckdose, da die Geräte ja mit Strom zu versorgen sind. Ein später frei hängendes oder liegendes Kabel birgt ein unnötiges Unfallrisiko. Um Schäden zu vermeiden dürfen Sie niemals Heizer und Filter ans Stromnetz anschließen, bevor Wasser ins Aquarium eingefüllt wurde.

Der Filter

Der zum Beispielaquarium mitgelieferte Feucht-Trocken-Filter sichert eine effektive biologische Filterung, kombiniert mit einer sicheren Entfernung der Schwebstoffe. Wählen Sie die gewünschte Position des Filters aus und schieben Sie ihn dann in den dafür vorgesehenen Kantenschlitz und pressen Sie ihn an der Seite an, bis er in der Halteposition eingerastet ist. Nähere Informationen entnehmen Sie bitte der Betriebsanleitung. Darin ist auch die Bestückung mit Filtermaterial ausführlich erläutert.

Die Heizung

Für die meisten tropischen Fische liegt die beste Wassertemperatur zwischen 24 und 26 °C. Drehen Sie die Temperatureinstellung soweit, bis der Zeiger die gewünschte Einstellung anzeigt. Eine Einstellung auf 5 entspricht hier ungefähr einer Temperatur von 22 bis 24 °C. Nach etwa zwei Stunden, wenn die Heizung eine gleichmäßige Temperatur hat, kann diese nachreguliert werden. Die Wassertemperatur muß nach der Stabilisierung des Heizungsbetriebs mit einem genauen Thermometer kontrolliert werden. In der Folgezeit muß die Wassertemperatur regelmäßig kontrolliert werden. Beachten Sie: Eine Temperaturerhöhung auf über 30 °C wirkt sich meist schlimmer auf die Fische aus als ein völliger Ausfall des Heizers.

Die Dekoration

Nach der Aufstellung des Aquariums werden die Innenseiten der Scheiben mit einem weichen, feuchten Lappen gereinigt. Danach wird das Aquarium mit frischem Wasser ausgespült. Im Aquarium dürfen keine Seife, Spül- und andere Reinigungsmittel Verwendung finden! Diese sind für die Fische giftig und selbst geringste Rückstände können schädigend wirken.

Nun wird der Aquarienkies gewaschen, bevor er auf den Aquarienboden gefüllt wird. Für einen schöneren Anblick ist es angebracht, den Kies von der Frontscheibe nach hinten ansteigen zu lassen.

Es genügen etwa 20 kg Kies für ein zu bepflanzendes Aquarium mit 70 l Inhalt. Der Bodengrund sollte vorn 5 cm und hinten etwa 8 cm hoch sein. Die Auswahl ist reichhaltig, doch haben wir uns in diesem Fall für ein dunkles, braunes Granulat entschieden. Auch dazu passende Steine und Moorkienhölzer sind beim Fachhändler erhältlich. Artikel anderen Ursprungs sind nicht zu empfehlen, weil sie möglicherweise giftige Bestandteile enthalten. Die Dekorationselemente können bereits trocken ins Aquarium eingebracht werden.

Wasser einfüllen

Legen Sie auf den Bodengrund des Aquariums einen Teller oder eine saubere Steinplatte. Nun lassen Sie, bevor Sie das Aquarium mit Wasser füllen, das in der Leitung stehende Wasser einige Minuten lang ablaufen. Das Aquarium wird etwa zur Hälfte mit Wasser gefüllt, dann erfolgt die Bepflanzung. Achten Sie darauf, daß die Pflanzen mit ihren Wurzeln fest im Kies verankert sind. Der eingelegte Teller wird ein Aufwirbeln des Bodengrunds und eine Störung der Dekoration mindern, da er einen Großteil der Strömung bricht, mit der das Wasser ins Aquarium spritzt. Normales Leitungswasser ist für Fische oft nicht geeignet. Chlor ist beispielsweise schädlich und muß vor der Nutzung des Wassers im Aquarium entfernt werden. Fragen Sie deshalb Ihren Zoohändler nach einem guten Wasseraufbereitungsmittel. Immer erst dieses Mittel dem Aquarienwasser zufügen, bevor frisches Leitungswasser zu den Fischen eingefüllt wird. Nach dem Bepflanzen des Aquariums wird es bis zur Wasser-Markierung am Filter aufgefüllt.

Die Bepflanzung

Die ausgewählten Pflanzen, Sumpfschrauben, *Vallisneria americana*, für den Hintergrund und Zwergschwertpflanzen, *Echinodorus tennellus*, für den Vordergrund, werden eingesetzt, so daß die Wurzelhälse gerade aus dem Boden herausschauen (vgl. S. 28 ff). Die Wurzeln der Pflanzen brauchen vor dem Einpflanzen nicht gekürzt zu werden.

Einschalten des Stroms

Nachdem das Aquarium bis zur Wasser-Markierung gefüllt und die gewünschte Heizungstemperatur eingestellt wurde, kann die weitere Technik in Betrieb genommen werden. Stecken Sie dazu einfach den – zuvor abgetrockneten – Stecker in die Steckdose. Der Filter läuft, wenn ein ununterbrochener Wasserstrom den Filterausgang verläßt. Auch die Beleuchtung kann nun in Betrieb genommen werden. Die Leuchtstoffröhren werden an eine Schaltuhr angeschlossen oder die eingebaute Uhr wird nach Anleitung programmiert. Für ein Aquarium, in dem tropische Pflanzen und Fische gepflegt werden sollen, hat sich eine Beleuchtungszeit von zwölf bis dreizehn Stunden bewährt.

Einfahren des Aquariums

Nach der Einrichtung und Inbetriebnahme des Aquariums empfiehlt es sich, dieses einige Tage ohne Fische stehen zu lassen. Auf diese Weise wird erreicht, daß die anfängliche leichte Trübung des Wassers verschwindet, sich die Wassertemperatur angleicht und eventuell vorhandene Chlor-Restbestände verschwinden. Überprüfen Sie vor dem Einsetzen von algenfressenden Fischen oder Garnelen die wichtigsten Wasserwerte mit Meßreagenzien beziehungsweise Meßgeräten. Im Zweifelsfall muß noch gewartet werden!

Cryptocoryne wendtii

Glossostigma elatinoides

Ancistrus dolichopterus

Gyrinocheilus aymonieri

Die Fische

Bevor die Guppys, auch Millionenfische, *Poecilia reticulata*, genannt, eingesetzt werden, sollte das Aquarium mindestens zwei Wochen in Betrieb sein. Im Zoofachhandel werden unterschiedliche Fische angeboten, die sich bei der Algenbekämpfung bewährt haben.

Die Siamesische Saug- oder Rüsselschmerle, *Gyrinocheilus aymonieri*, ist in ihrer Jugend als Algenvertilger sehr aktiv, wird aber mit zunehmendem Alter fauler und unverträglicher. Artgenossen werden später von der Saugschmerle ständig aggressiv verfolgt und manchmal auch andere Fische belästigt.

Die Schönflossenbarbe, *Epalzeorhynchus kalopterus*, putzt nicht sonderlich gut und ist manchmal auch aggressiv.

Sehr bewährt hat sich die Siamesische Grünflossenbarbe, *Crossocheilus siamensis*, die unter den unterschiedlichsten Namen gehandelt wird, deshalb hier die Fotos der Arten zum Vergleich. Die Grünflossenbarbe ist in ihrer Jugend ein ausgezeichneter Algenvertilger; auch mit zunehmendem Alter frißt sie noch gut Algen. Außerdem wird sie nicht über Gebühr aggressiv.

Als guter Algenfresser darf hier selbstverständlich auch der Blaue Antennenwels, *Ancistrus dolichopterus*, nicht vergessen werden.

Epalzeorhynchus kalopterus

Crossocheilus siamensis

Poecilia reticulata

Die Vielfalt der Guppys ist faszinierend und mit jedem Wurf werden Sie neue Farben und Flossenformen bei Ihren Fischen entdecken. Guppyfreunde haben die Guppyhochzucht fast bis zur Perfektion weiterentwikkelt. Aber auch wenn Sie Ihre Guppys ohne höhere Zuchtziele „nur so zur Freude“ pflegen, dann werden Sie garantiert viel Spaß mit diesen vielfältigen und lebendigen Fischen haben.

Gesellschaft mit Salmlern

Weil sich der Neueinsteiger in die Aquaristik nur selten bereits von Anfang an auf eine bestimmte Fischgruppe spezialisiert, soll unser zweites Aquarium eines mit verschiedenen Fischen – dem Schwerpunkt jedoch bei den Salmlern – sein. Den Fischen ist es eigentlich gleichgültig, ob ihre Gesellschaft aus dem gleichen Heimatland wie sie selbst stammt. Wichtig ist, daß sie sich wohlfühlen! Das Gleiche gilt im Prinzip auch für die eingesetzten Wasser- und Sumpfpflanzen.

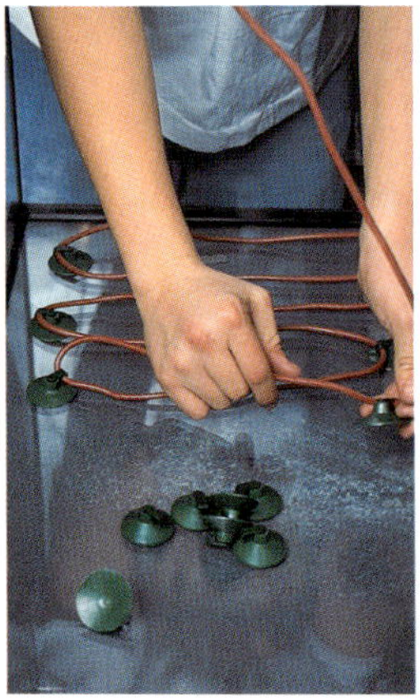

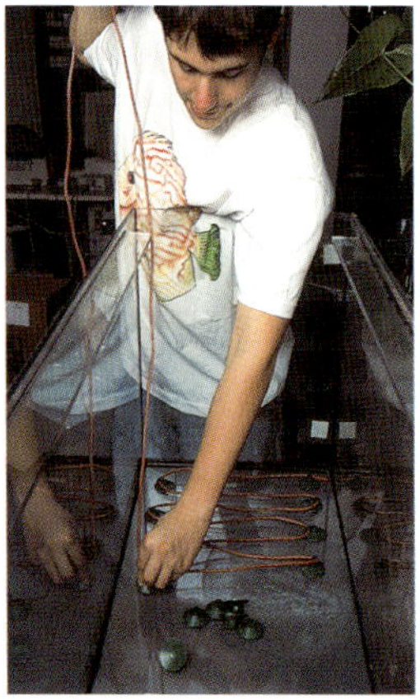

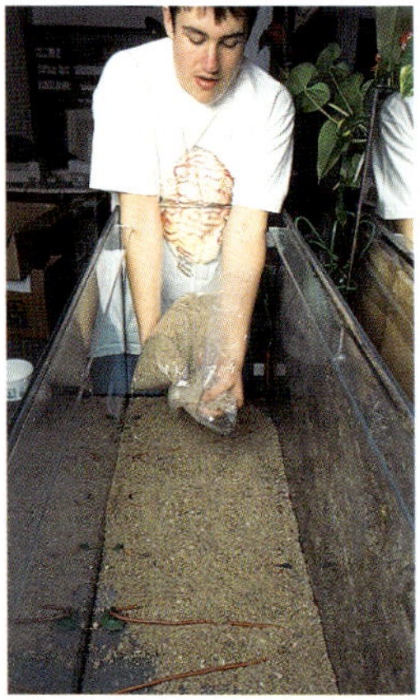

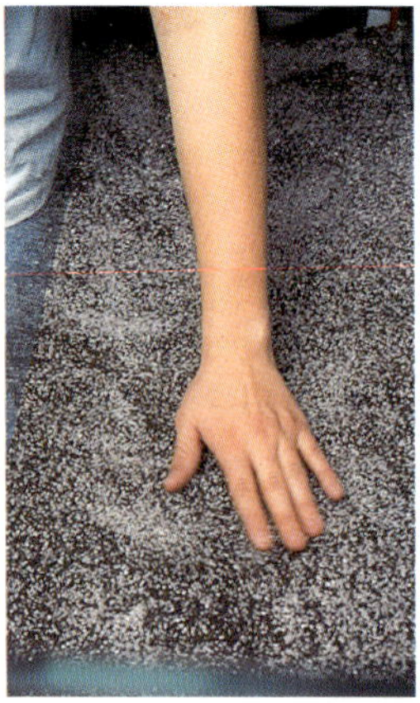

Heizkabel

Sofern Sie in Ihrem Aquarium ein Heizkabel verwenden – und wenn Sie einen intensiven Pflanzenwuchs erzielen wollen, dann ist dies sehr empfehlenswert –, so müssen Sie dieses vor dem Einbringen des Bodengrundmaterials installieren. Heizkabel haben den Vorteil, daß sie mit Niedervoltstrom betrieben werden, und somit die Unfallgefahr erheblich gemindert wird. Für die Wasserpflanzen bewirkt das Kabel aufgrund der Tatsache, daß das leicht erwärmte Wasser nach oben strebt und infolgedessen das etwas kühlere Wasser in das Hohlraumsystem des Bodens eindringt, eine ganz langsame, aber stetige Durchströmung des Bodengrunds. Dadurch werden den Pflanzenwurzeln ständig im Wasser gelöster Sauerstoff, gelöstes Kohlendioxid und Pflanzennährstoffe zugeführt.
Das Kabel wird in gleichmäßigen Schlaufen verlegt, ohne es dabei zu knicken! Die Schlaufen sollten zu den Scheiben einen Abstand von 3 bis 4 cm einhalten. Das Kabel wird dabei mit Hilfe von speziellen Saugnäpfen befestigt. Zur Kontrolle der Funktionsfähigkeit kann das Kabel nun am Regler, und dieser am Stromnetz angeschlossen werden. Sobald infolge einer leichten Erwärmung die Funktionsfähigkeit bestätigt ist, wird der Netzstecker vorläufig wieder herausgezogen, um Schäden am Kabel zu vermeiden!

Bodengrund

Nun wird der Bodengrund eingefüllt. Wenn der Bodengrund mit Dünger versetzt werden soll, dann wird nun etwa ein Drittel des Materials mit einem speziellen Wasserpflanzendünger durchmischt und eingefüllt. Dieser Teil des Bodengrunds braucht nicht gespült zu werden. Es gibt auch bereits fertige Mischungen. Darüber kommt das weitere Bodengrundmaterial, das zuvor gut durchgespült wurde, bis keine Trübung des Wassers mehr verursacht werden kann. Anschließend wird der Boden glattgestrichen, wobei er nach hinten leicht ansteigen kann.

Wasser einfüllen

Die meisten Aquarianer benutzen einfach einen Schlauch, um das Aquarium mit Wasser zu füllen. Egal ob Sie nun mit dem Schlauch oder dem „klassischen Eimerschleppen" arbeiten, in jedem Fall ist es sinnvoll, einen Teller, oder den Deckel eines Eimers auf den Bodengrund zu legen, damit beim Einfüllen nicht zu viel Material – oder gar die untere Düngerschicht – aufgewirbelt wird. Zunächst wird das Wasser nur bis etwa 10 cm Höhe eingefüllt.

Steine und Moorkienholz

Nun werden die Dekorationsgegenstände eingebracht. Die zur Dekoration eingeplanten Steine und Hölzer sollten Sie bei Ihrem Zoofachhändler erwerben, damit Sie sicher sein können, daß darin keine unerwünschten Stoffe wie Metalle oder faulendes Holz enthalten sind, die sich im Wasser lösen können und ungünstigenfalls sogar die Fische und Pflanzen schädigen.
Prüfen Sie, ob Ihnen die Lage oder der Standort der Dekogegenstände gefällt, denn noch ist es leicht, die Standorte zu wechseln und verschiedene Möglichkeiten zu erproben. Später, wenn die Pflanzen eingesetzt wurden, ist eine Änderung nicht mehr so einfach und stellt immer einen größeren Eingriff in die Aquarienökologie dar.

Da die Dekogegenstände manchmal etwas verstaubt oder anderweitig verschmutzt sind, ist es sinnvoll, sie vor der Verwendung im Aquarium etwas abzuspülen. Das Moorkienholz, muß, wenn es zunächst noch schwimmt, abgekocht werden, oder – wenn es sich um größere Stücke handelt, die nicht in den Kochtopf passen – einige Tage in einem größeren Wasserbehälter eingelegt werden, bis sie sich soweit mit Wasser vollgesaugt haben, daß sie von selbst unter Wasser bleiben. Zwar können noch aufschwimmende Wurzeln zunächst auch mit Steinen beschwert werden, doch verrutschen diese zu leicht.

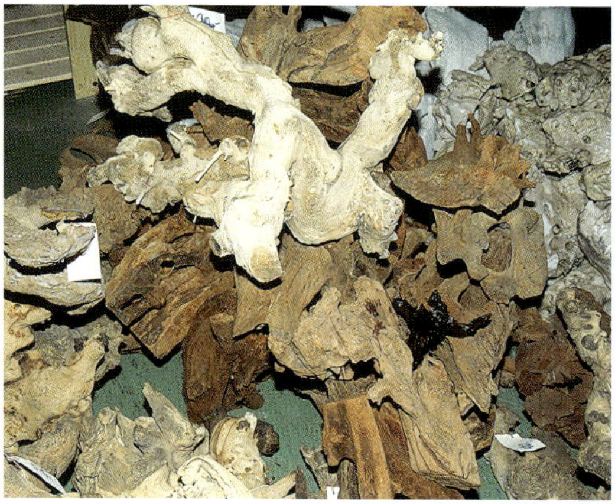

Einpflanzen

Wenn Sie sich die benötigten Pflanzen nicht bei Ihrem Zoohändler vor Ort aussuchen können, so ist es auch möglich, sich die Aquarienpflanzen von ihm zuschicken zu lassen. Die Pflanzen sind dann sicher in Styroporkartons verpackt und werden von einem Tag auf den anderen – über Nacht – verschickt. Zusätzlich sind die Pflanzen in Bündeln im Topf oder mit Schaumstoff und Bleiband gebündelt. Das Bleiband muß unbedingt entfernt werden, weil es auf Dauer den Fischen gefährlich werden könnte, denn das Blei geht – vor allem in saurem Wasser – in Lösung und vergiftet die Fische nach und nach.

Die Pflanzen werden also aus den Töpfen herausgenommen und vorsichtig wird auch das Schaumstoffmaterial oder die Glaswolle entfernt, wobei die Wurzeln möglichst nicht beschädigt werden.
Früher wurden die Wurzeln eingekürzt, weil die alten Wurzeln später doch verfaulen und die Pflanzen neue bilden. Heute läßt man die Wurzeln dran, sofern sie nicht allzulang sind, denn mit den Wurzeln halten sich die Pflanzen besser im Boden und das verfaulende organische Material dient den Pflanzen später quasi als eigener Dünger.

Auch bei Stengelpflanzen ist eine gewisse Bewurzelung erwünscht, weil sie sich auf diese Weise besser im Bodensubstrat verankern. Für die Nährstoffversorgung brauchen diese Pflanzen ihre Wurzeln aber kaum, denn den größten Teil der benötigten Düngestoffe, Spurenelemente und Vitamine entnehmen sie über die Blattoberflächen direkt aus dem Wasser.
Trotzdem sind die Stengelpflanzen manchmal zu lang und müssen deshalb eingekürzt werden, wofür Sie bitte immer eine Schere benutzen, damit die Stengel nicht geknickt oder auf andere Art und Weise beschädigt werden. An dem Endstück bilden sich bald neue Wurzeln.

Selbstverständlich kann auch das Basisstück der Stengelpflanze im Wasser aufbewahrt werden, denn die Pflanze schießt in den Blattachseln aus und bildet bald neue Spitzen. Am besten sortieren Sie die einzelnen Pflanzenarten und setzen sie in gleichartigen Gruppen ins Aquarium ein. Auf diese Weise wird eine viel bessere Wirkung erzielt, als wenn die Pflanzen willkürlich durcheinander stehen.
Für den Vordergrund werden meist klein bleibende Pflanzen wie etwa die Grasartige Zwergschwertpflanze, *Echinodorus tenellus*, oder der – allerdings recht langsamwüchsige – Zwergwasserkelch, *Cryptocoryne parva*, ausgesucht. Auch das Zwergspeerblatt, *Anubias barteri* var. *nana*, ist geeignet, doch wird ihr langsamwüchsiger Bestand nie so schön bodendeckend, wie es bei den beiden zuvor genannten Pflanzenarten der Fall ist. Die Pflanzen dürfen anfangs nicht zu dicht nebeneinander eingepflanzt werden, weil sie ja Ausläufer bilden, die als Ableger bald einen dichten Pflanzenbestand bilden, der später regelmäßig ausgelichtet werden muß.
Beachten Sie aber, daß vor allem die Grasartige Zwergschwertpflanze viel Licht für ein gutes Wachstum benötigt, und daß deshalb gerade für den Vordergrund oft eine zusätzliche Leuchtstoffröhre benötigt wird. Es wirkt später garnicht schön, wenn die Stengelpflanzen im Hintergrund wuchern, während die kleinen Pflanzen im Vordergrund kümmern. Bedenken Sie bitte, daß gerade die kleinwüchsigen Pflanzen in der Natur meist am flachen Ufer wachsen, wo sie viel Licht erhalten und kaum von anderen Pflanzen beschattet werden. Eine für uns schöne Aquarienbepflanzung ist in dieser Form in der Natur kaum zu finden. Dort ist es meist nur eine Art, die dann jedoch dichte Bestände bildet. Solche „Monokulturen" können durchaus auch ihren Reiz haben, wie einige der schönen Naturaquarien von Takashi AMANO beweisen. Das Gesellschaftsaquarium des Neueinsteigers ist aber meist zugleich auch ein Pflanzengesellschaftsaquarium.

Auffüllen

Nach der Bepflanzung wird das Aquarium vorsichtig bis gut zur Hälfte gefüllt. Falls noch etwas korrigiert werden muß, so muß auch noch im Aquarium hantiert werden, und wenn das Aquarium bereits voll wäre, so würde bei den noch notwendigen Arbeiten im Aquarium womöglich das Wasser überschwappen.

Wenn jetzt in der Bepflanzung Lücken sichtbar werden, oder sich bereits eingesetzte Pflanzen wieder gelöst haben, dann sind jetzt die entsprechenden Korrekturen oder Ergänzungen vorzunehmen.

Technik

Nun ist der Zeitpunkt gekommen, über die Bodenheizung hinaus die weitere Aquarientechnik zu installieren. In der hinteren Aquarienecke, am besten durch einige große Steine und hochwüchsige Pflanzen getarnt, werden der zusätzliche Heizstab, ein Innenfilter sowie ein CO_2-Flipper installiert.

Bevor die elektrischen Geräte ans Stromnetz angeschlossen werden, sind die Stecker zur Vorsicht auf Trockenheit zu prüfen. Am besten ist es, wenn der Stromanschluß Ihres Aquariums mit einem Fehlerstromschutzschalter (FI-Schalter) gesichert ist.

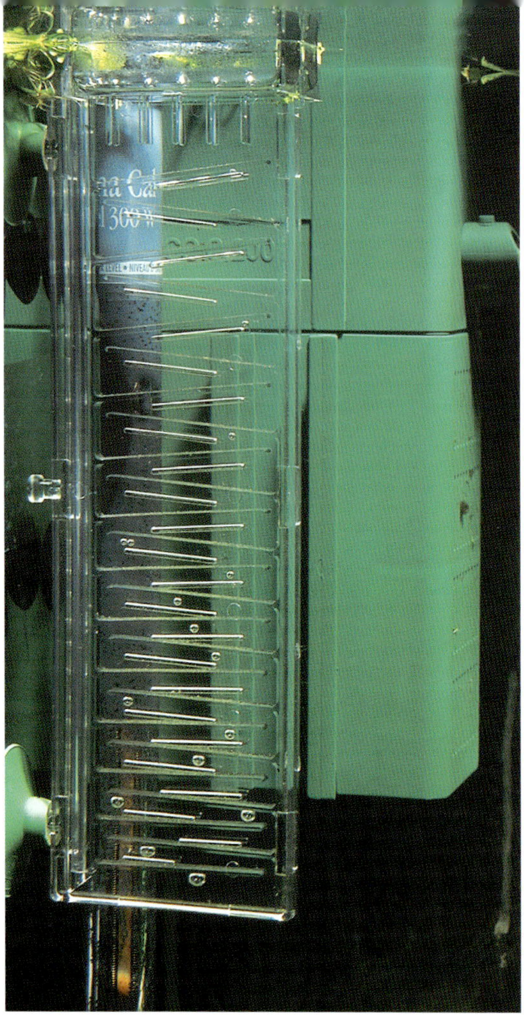

Es gibt nichts gefährlicheres als die Kombination von Strom und Wasser! – Entsprechend vorsichtig muß der Aquarianer sein. Ein Fehlerstromschalter im Sicherungskasten verhindert meist schlimmeres, denn daß es trotz aller Vorsicht doch einmal zu einem Unfall kommen kann, das kann niemand völlig ausschließen.

Kohlendioxiddüngung

Für den perfekten Pflanzenwuchs ist bei einer intensiven Beleuchtung eine Düngung der Pflanzen mit im Wasser gelöstem Kohlendioxid notwendig. Denn so, wie wir Menschen Sauerstoff zum leben benötigen, so brauchen die Pflanzen – zumindest am Tage – Kohlendioxid. Nun handelt es sich sowohl beim Sauerstoff wie auch beim Kohlendioxid um Gase, die sich allerdings im Wasser lösen können, so daß auch in diesem Medium die Versorgung gewährleistet ist. Kohlendioxid ist aber nur zu einem sehr geringen Anteil von etwa 0,03 % in der Luft enthalten, so daß es nicht mit einem gewöhnlichen, mit einer Luftpumpe betriebenen Sprudelstein, ins Aquarienwasser gemischt werden kann. Zur Einbringung des Kohlendioxids, in seiner chemischen Formel kurz CO_2 genannt, werden sogenannte Diffusoren benötigt. Außerdem brauchen Sie einen CO_2-Vorrat in der Druckgasflasche, ein Ma-

nometer zur genauen Dosierung des ausströmenden Kohlendioxids, CO_2-gasdichte Schläuche, Rückschlagventil und am besten auch eine Nachtabschaltung. Die genaue Dosierung des CO_2 erfolgt indirekt über die Messung des pH-Werts und die Nachregulierung der Gaszufuhr zum Diffusor; meist wird der Wert etwa drei bis vier CO_2-Gasblasen pro Minute betragen. Es gibt im Handel sogenannte pH-Wert-Dauertests, die zugleich angeben, ob genügend CO_2, zuviel oder zuwenig zugegeben wird. Da sich der Gasdruck in der CO_2-Vorratsflasche verändert, muß die gesamte CO_2-Anlage regelmäßig kontrolliert werden.

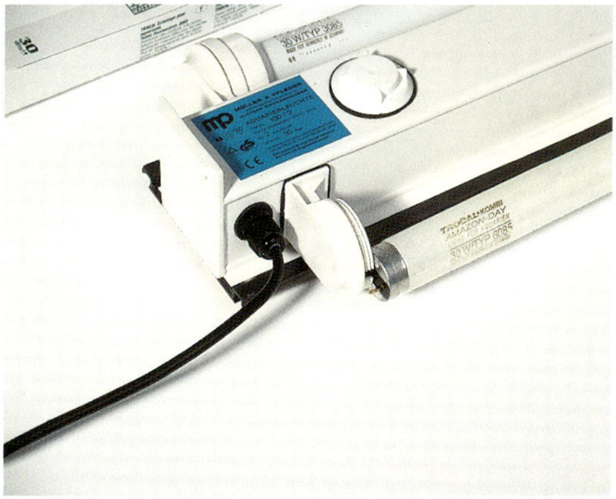

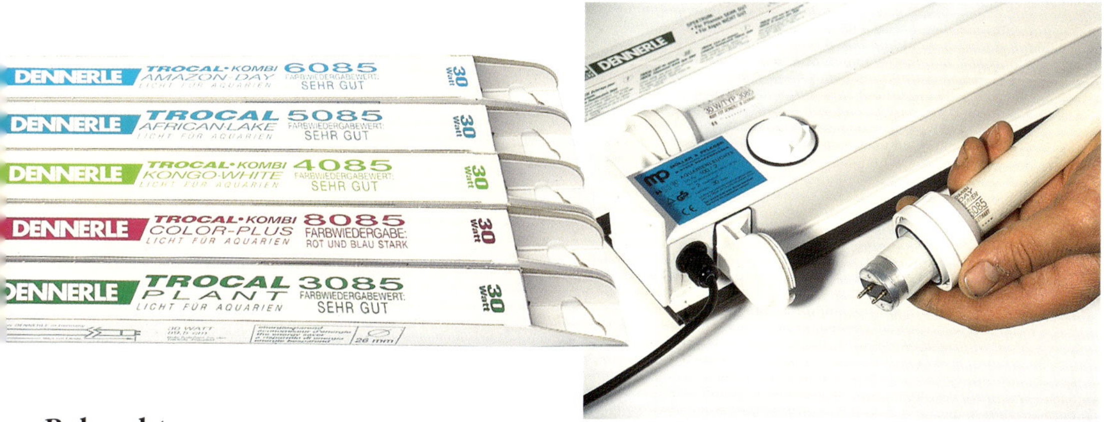

Beleuchtung

Ohne Licht ist kein Pflanzenwachstum möglich. Aber auch die Fische benötigen Licht, damit sie ihren gewohnten Tag-Nacht-Rhythmus nachvollziehen können. Auf Tageslicht verzichten wir bei der Aquarienbeleuchtung, weil es sich nicht dosieren läßt und aufgrund seiner hohen Intensität das Algenwachstum fördert. Die Beleuchtung mit speziellen Leuchtstoffröhren für die Aquaristik hat sich bewährt. Die Fassungen der Leuchtstoffröhren müssen spritzwassergeschützt sein. Damit sich ein regelmäßiger Tag-Nacht-Rhythmus einstellt, an den sich Fische und Pflanzen gewöhnen, ist eine Zeitschaltuhr einzusetzen.

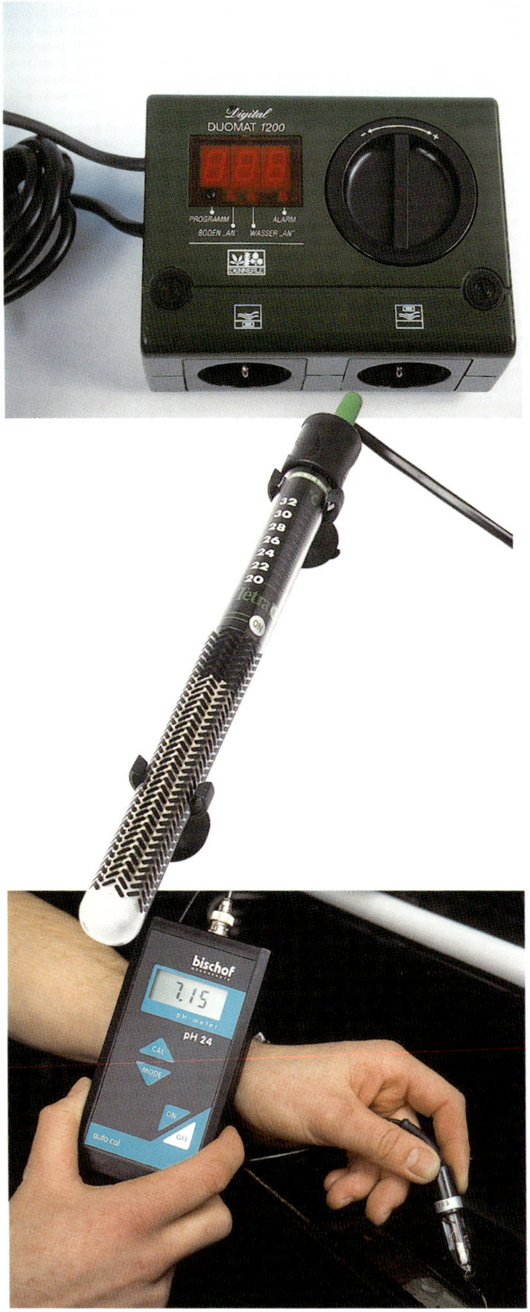

Heizung

Nachdem die Bepflanzung des Aquariums abgeschlossen ist, kann zusätzlich zur Bodenheizung ein Heizstab installiert werden. Ideal ist eine automatische Regelung, welche verhindert, daß die Bodenheizung zu heiß wird, und welche die notwendige Restwärme über den ergänzenden Heizstab erzeugt. Die Kombination beider Geräte hat zudem den Vorteil, daß keine Katastrophe entsteht, falls irgendwann einmal eines der Geräte ausfällt. Dies kommt zwar nur äußerst selten vor, aber Vorsicht ist ja immer besser...

Algenfresser

Am folgenden Tag nach der Erstbepflanzung werden einige algenfressende Fische eingesetzt. Die anderen Fische müssen noch etwa zwei Wochen bis zum Erstbezug des Aquariums warten. Selbstversändlich müssen die Wasserwerte sich in fischverträglichen Grenzen bewegen, was vor dem Einsetzen der Algenfresser kontrolliert werden muß. Eine gut geeignete Art zur Algenprophylaxe ist der Zwergharnischwels *Otocinclus macrospilus* (er ist manchmal auch unter den Namen *O. affinis* oder *O. vittatus* im Handel erhältlich). Diese Zwergwelse sollen dafür sorgen, daß sich von Beginn an die Algen nicht zu sehr ausbreiten können.

Otocinclus macrospilus

Die Fische

Der Besatz mit den weiteren Fischen muß nun etwa drei Wochen warten, da sich die biologisch aktiven Mikroorganismen erst im Aquarium und vor allem auf dem Filtersubstrat vermehren müssen. Es gibt im Fachhandel Bakterienkulturen, die den Start etwas beschleunigen, doch müssen Sie in jedem Fall die Wasserwerte ermitteln, ehe Sie die ersten Fische dem eventuell noch aggressiven Wasser aussetzen. Schon so mancher Aquarianer wurde herb enttäuscht, weil er die Fische zu früh eingesetzt hat und diese in der Folge krank wurden oder gar starben. Wichtig ist auch, daß Sie sich ein gutes Buch über Fischkrankheiten beschaffen, und darüberhinaus auch das eine oder andere Medikament bevorraten, um im ungünstigsten Falle auch am Wochenende für alle Eventualitäten gewappnet zu sein.

Einer der Lieblingsfische vieler Aquarianer und aller Salmlerfreunde ist der Rote Neon, *Paracheirodon axelrodi*. Weil er immer noch sehr schwer zu züchten ist, sind die im Fachhandel erhältlichen Roten Neon fast ausschließlich Wildfänge, die aus Amazonien zu uns exportiert werden. Weil die Fische bereits einige Strapazen hinter sich haben, müssen sie in unseren Heimaquarien endlich Ruhe finden und dürfen nicht unnötigem zusätzlichen Streß ausgesetzt werden, indem beispielsweise das Wasser noch nicht richtig hergerichtet wurde.

Rotmaulsalmler, *Hemigrammus rhodostomus*, sind eine beliebte Gesellschaft für Rote Neonsalmler. Sie sind nicht zu bunt, stehlen den Neon also nicht die Schau, sind mit ihren roten Mäulern und schwarz-weiß gestreiften Schwänzen aber dennoch eine attraktive Ergänzung.

Als Oberflächenfische sind die verschiedenen Beilbauchsalmler eine weitere bizarre Ergänzung. Es kommen verschiedene Arten als Gesellschaft für die Roten Neon infrage, deshalb soll hier der Silberne Beilbauch, *Thoracocharax securis*, nur beispielhaft genannt werden.

Paracheirodon axelrodi

Hemigrammus rhodostomus

Thoracocharax securis

Gesellschaft tropischer Fische

Die Fische und Pflanzen in einem schönen Gesellschaftsaquarium müssen nicht unbedingt nach geographischen Gesichtspunkten ausgesucht werden. Wichtig ist, daß alle etwa ähnliche Ansprüche an die Wasserbeschaffenheit, die Temperatur und die Beleuchtung stellen, so daß keiner der Fische leidet und alle Pflanzen gedeihen. Für eine solche funktionierende Gesellschaft spielt die Herkunft keine Rolle, wichtig ist, daß alles miteinander harmoniert.

Colisa lalia

Hyphessobrycon amandae

Nachdem der Einkaufszettel geschrieben und anschließend alles Notwendige besorgt worden ist, wird das Aquarium am zukünftigen Standort aufgestellt und alle Utensilien werden griffbereit hergerichtet, um einen Überblick zu erhalten und um festzustellen, ob nicht doch etwas fehlt. Wenn größere Steine als Dekoration ins Aquarium gestellt werden sollen, dann ist es sinnvoll, diese mit Styropor-Reststücken zu unterfüttern, damit kein zu hoher punktueller Druck auf die Bodenscheibe ausgeübt wird. Erfolgt dies vor dem Einfüllen des Bodengrunds, dann geraten keine störenden Steinchen unter die Styroporstücke und die Steine können noch hin und her gerückt werden, um die unterschiedliche Wirkung der Steingruppe auszutesten. Wichtig ist, daß die Steine nicht allzu symmetrisch aufgestellt oder gar in die exakte Mitte des Aquariums gerückt werden, weil dies einen allzu künstlichen Eindruck beim Betrachter hervorrufen würde. Wertvolle Tips zur Anordnung der Einrichtungsgegenstände sind dem Buch von T. Amano: Ihr Hobby Naturaquarien, zu entnehmen. Es gibt viele Dinge bei der Gestaltung der Einrichtung zu berücksichtigen. Denn dabei spielt nicht nur das Aquarium selbst eine Rolle, sondern auch das Umfeld. Aber alle diese Aspekte sind in dem Buch Ihr Hobby Naturaquarien ausführlich und – ähnlich wie in diesem Buch – Schritt für Schritt erläutert.

Die Technik

Nach dem Einfüllen des Bodengrundmaterials von 1 bis 2 mm Körnung, dem im Aquarium, worin die Bepflanzung im Vordergrund stehen soll, eine besondere Bedeutung zukommt, kann vorsichtig Wasser eingefüllt werden, bis das Aquarium etwa zu drei Vierteln gefüllt ist. Dazu hat es sich bewährt, einen Teller unter die Ausströmstelle des Schlauchs zu stellen, damit der Kies nicht unnötig aufgewirbelt wird und zusätzlich die Trübung intensiviert. Dünger wurde bereits mit dem fertigen Bodengrundmaterial eingebracht; auf eine Bodengrundheizung wird in diesem Beispeil verzichtet. Anschließend wird die Technik, bestehend aus Innenfilter, Heizstab, Thermometer sowie Kohlendioxiddüngung und pH-Wert-Dauertest, an den vorgesehenen Stellen installiert, aber – sofern überhaupt nötig – noch nicht ans Stromnetz angeschlossen. Auf diese Weise wird es deutlich, wie sich diese Geräte mit Hilfe der Bepflanzung und den Einrichtungsgegenständen am besten tarnen lassen. Gegebenenfalls kann der Innenfilter bereits jetzt in Betrieb genommen werden, um sofort der – anfangs noch starken – Trübung des frischen Wassers entgegen wirken zu können.

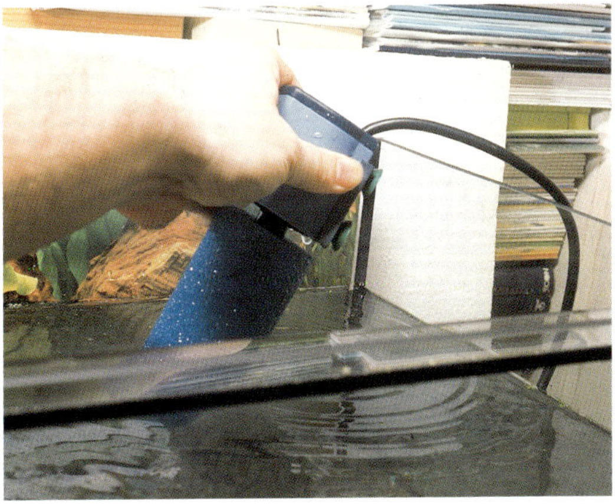

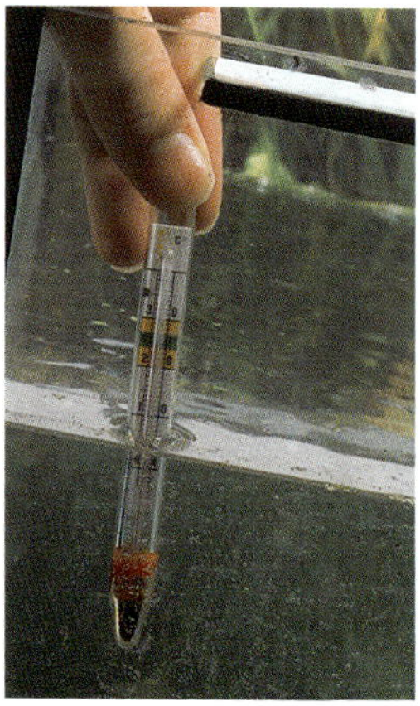

Nach der Herrichtung der technischen Geräte kann etwas Wasseraufbereitungsmittel ins Aquarienwasser gegeben werden, um eventuell enthaltene schädliche Substanzen zu binden und dadurch unschädlich zu machen. Damit kann aber auch gewartet werden, bis die Bepflanzung abgeschlossen ist. Um die Funktionsfähigkeit der Geräte zu prüfen, können Sie diese nun kurzzeitig ans Netz anschließen, dann ziehen sie aber zunächst alle Stecker wieder heraus, da beim einpflanzen der Wasserpflanzen noch Wasserspritzer auf die Stecker gelangen könnten, was ein unnötig hohes Unfallrisiko bedeuten würde. Für einen guten Pflanzenwuchs darf selbstverständlich die Beleuchtung nicht vergessen werden. Es müssen von vornherein solche Leuchtstoffröhren ausgewählt werden, die vom Hersteller für den Betrieb über Pflanzen vorgeschlagen werden. Ohne angemessene Beleuchtung gibt es keinen guten Pflanzenwuchs.

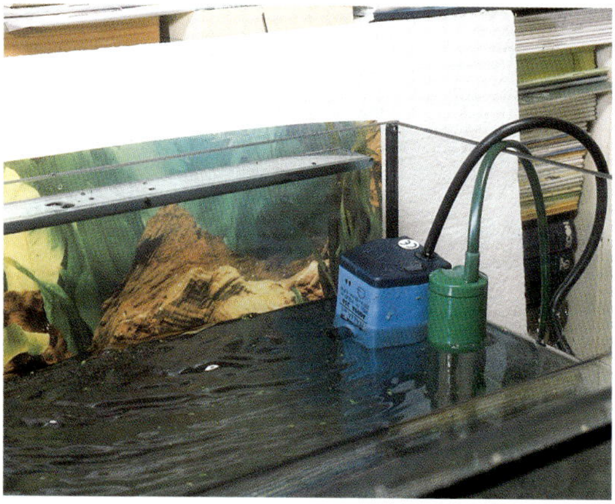

Die Aquarienpflanzen

Ihr Stammzoohändler hält sicher eine große Auswahl Wasserpflanzen, die für Ihr Aquarium geeignet sind, bereit. Falls dies ausnahmsweise nicht der Fall sein sollte, dann kann er sich die gewünschten Pflanzen selbstverständlich auch zusenden lassen. Paketdienste liefern heute von einem Tag auf den anderen, und die Pflanzen kommen in ausgezeichneter Qualität beim Empfänger an. Wenn Sie für die Neueinrichtung eines Aquariums eine große Menge Pflanzen brauchen, dann wird vielleicht alles für Sie direkt zusammen gepackt. Im Winter erfolgt der Versand manchmal nicht sofort, weil die Pflanzen grundsätzlich keinem Frost ausgesetzt werden dürfen.

Für die gute Aufzucht der Pflanzen werden viele der Arten auf Steinwolle oder Schaumstoff sowie in kleinen Plastiktöpfen herangezogen. Dies erleichtert die Handhabung in der Wasserpflanzengärtnerei und ist auch ein wertvoller Schutz beim Transport der Pflanzen. Zum Schutz werden auch die Stengelpflanzen, die meist nicht getopft geliefert werden, zu mehreren Stengeln gebündelt. Kunststoffolien oder feuchtes Zeitungspapier schützen die Pflanzen vor dem Vertrocknen. Da es letztendlich zu unserem Vorteil ist, akzeptieren wir diesen Umstand der Verpackung der Pflanzen und finden uns damit ab, daß das Auspacken und Herrichten etwas länger dauert, bevor die richtige Bepflanzung beginnen kann.

Um die empfindlichen feinen Wurzeln der Pflanzen nicht unnötig zu beschädigen, ist es manchmal sinnvoll, nur die gröbsten Brocken der Steinwolle zu entfernen und kleine Reste an der Pflanze zu belassen.

Anubias barteri var. *nana*

Microsorum pteropus

Echinodorus tenellus

Nymphaea lotus

Für die Dekoration mit Steinen im Aquarium ist es ein erfreulicher Umstand, daß es inzwischen auch Pflanzen gibt, die bereits an Steinen festgewachsen angeboten werden. Dies erleichtert und beschleunigt die Einrichtung mit schönen Pflanzen ganz erheblich. Besonders das Zwergspeerblatt, *Anubias barteri* var. *nana*, und der Java- oder Schwarzwurzelfarn, *Microsorum pteropus*, sind hierfür gut geeignet.

Für die Vordergrundbepflanzung haben wir uns bei diesem Aquarium für das in dieser Funktion bewährte Grasartige Zwergschwertblatt, *Echinodorus tenellus*, entschieden. Dieses benötigt allerdings relativ viel Licht, so daß es erforderlich sein kann, für den Vordergrundbereich eine zusätzliche Leuchtstoffröhre zu installieren. Diese Pflanze bildet aufgrund ihrer reichlichen Ausläuferbildung einen geschlossenen grasartigen Bestand, der sehr attraktiv wirkt.

Im Gegensatz zu den in Gruppen gepflanzten Pflanzen werden besonders auffällige, weil große oder bunte Gewächse meist einzeln gesetzt. Diese werden folglich auch als Solitärpflanzen bezeichnet. Die Teich- und Seerosen, von denen es auch kleiner bleibende und somit für die Aquaristik geeignete Arten und Sorten gibt, zählt zu dieser Pflanzengruppe, die meist als Blickfang im Aquarium genutzt werden.

Die Bepflanzung

Wie bereits ausführlich beschrieben, müssen zunächst das Bleiband, die Pflanztöpfe, der Schaumstoff oder die Steinwolle vorsichtig von den Wurzeln der Pflanzen entfernt werden. Die Wurzeln sollten dabei möglichst wenig beschädigt werden. Sie werden auch nicht abgeschnitten, wie es in manchen älteren Büchern noch empfohlen wird. Denn mit langen Wurzeln verankern sich die Pflanzen besser und schneller im Boden. Auch die Gefahr, daß die alten Wurzeln verfaulen ist nur gering; und wenn dies doch der Fall sein sollte, so ist das in einem Funktionierenden Aquarium kein Problem, denn die im Boden lebenden Mikroorganismen setzen diese organischen Stoffe sehr schnell um und tragen somit zur Mineralisierung der abgestorbenen Wurzeln bei, die folglich in nun wieder verfügbare Pflanzennährstoffe umgewandelt werden. So entsteht auch im Aquarium ein funktionierender kleiner ökologischer Kreislauf, der durch die Technik, die Fütterung und die regelmäßigen Teilwasserwechsel vom Aquarianer tatkräftig unterstützt wird.

Die vorbereiteten Pflanzen, hier die Grasartige Amazonas-Zwergschwertpflanze, werden nach Größen sortiert und neben dem Aquarium bereitgelegt, so daß sie leicht mit der linken

Vallisneria tortifolia

Vallisneria americana

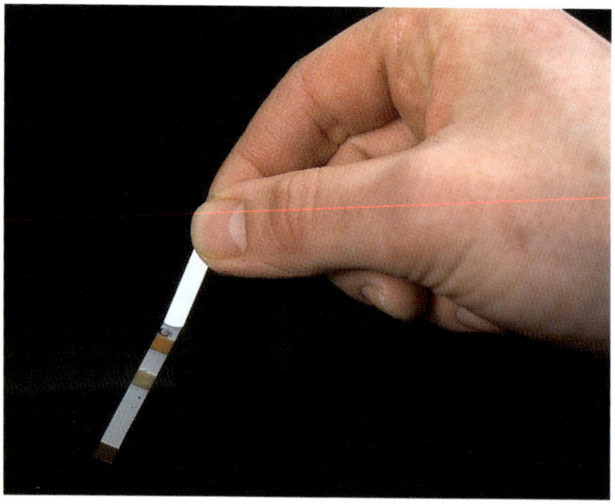

Hand ergriffen und an die rechte weitergegeben werden können. Auf diese Weise muß der Aquarianer nicht ständig mit der Pflanzhand aus dem Wasser heraus und wieder hinein, was nur unnötige Tropfen und Spritzer außerhalb des Aquariums verursachen würde.
Nun wird mit den Fingern eine kleine Grube im Bodengrund ausgehoben, in welche die Pflanze eingesetzt wird. Die Pflanze wird zunächst etwas tiefer eingesetzt, dann wird der Bodengrund rundherum wieder aufgehäuft und glattgestrichen und schließlich wird die Pflanze wieder soweit herausgezogen, bis der Wurzelhals gerade sichtbar wird. Dieses Verfahren hat den Vorteil, daß die Pflanzenwurzeln dadurch etwas gestreckt werden, was der Pflanze das Anwachsen erleichtert.
Nach der Vordergrundbepflanzung kommt der Hintergrund dran. Hinten links beginnend – Linkshänder beginnen hinten rechts – wird die Bepflanzung nun nach und nach vervollständigt. Bei dieser Vorgehensweise behindern die bereits eingesetzten Pflanzen das Fortschreiten der Arbeiten am wenigsten. Gut ist es, wenn der Aquarianer dabei nach einem vorgegebenen Pflanzplan vorgehen kann, so daß vorher bereits klar ist, an welchen Stellen die einzelnen Pflanzengruppen gegeneinander abgegrenzt werden sollen.
Nach dem Abschluß dieser Arbeiten kann das Wasser aufgefüllt werden. Nun wird die Abdekkung mit der Beleuchtung auf dem Aquarium angebracht. Alle Stecker und Kabel werden gut abgetrocknet und alle Geräte können nun ans Netz gehen. Die Beleuchtung – und eventuell auch die CO_2-Düngung – wird am besten über eine Zeitschaltuhr gesteuert, damit sich Fische und Pflanzen an regelmäßige Beleuchtungsintervalle wie in der Natur gewöhnen können.
Abschließend sind alle wichtigen Wasserwerte zu ermitteln und zu notieren. Auch wenn die Werte noch nicht den Wunschdaten entsprechen, wird am Tag der Bepflanzung noch nicht in den Wasserchemismus eingegriffen!

Ammannia gracilis

Pflanzen im Topf – Topfpflanzen

Einfach im Topf eingepflanzten Wasserpflanzen ins Aquarium zu stellen wirkt nicht gerade schön. Trotzdem kann es manchmal sinnvoll sein, Aquarienpflanzen einzutopfen. Für Aufzuchtaquarien für Jungfische bietet sich diese Verfahrensweise förmlich an, aber auch im Pflanzengesellschaftsaquarium kann das Eintopfen bestimmter Pflanzen sinnvoll sein. Handelt es sich um besonders schnellwüchsige oder extrem stark wurzelnde Arten, dann kann die ungezügelte Wuchsfreudigkeit mit Töpfen etwas eingeschränkt werden. Ebenso wichtig sind die Töpfe aber auch, wenn es sich um Pflanzen handelt, die hin und wieder aus dem Aquarium herausgenommen werden, weil sie beispielsweise gelegentlich eine Ruhepause einlegen wie es zum Beispiel bei den meisten Wasserähren der Gattung *Aponogeton* der Fall ist. Aber auch für manche Wasserkelche der Gattung *Cryprocoryne*, denen möglicherweise ein besonderes Bodensubstrat zugedacht ist, kann das Eintopfen sinnvoll sein. In den schönen Pflanzenaquarien werden die getopften Pflanzen einfach mit den mit Pflanzen bewachsenen Steinen getarnt.

Hyphessobrycon sp.

Das nach etwa drei Wochen eingefahrene Aquarium wird nun zusätzlich zu den algenfressenden Fischen, nämlich jungen Harnischwelsen der Gattungen *Ancistrus* und *Otocinclus*, mit weiteren Arten besetzt. Im vorgestellten Fall haben wir uns für drei Salmlerarten und ein Pärchen Labyrinthfische, und zwar für Zwergfadenfische, *Colisa lalia*, entschieden.
Bei den Salmlern handelt es sich um eine neue Art der Gattung *Hyphessobrycon*, um Zitronensalmler, *Hyphessobrycon pulchripinnis*, und um Funkensalmler, *Hyphessobrycon amandae*. Diese Fischgesellschaft ergibt ein prächtiges lebendiges Bild vor dem Pflanzenhintergrund.

Ein Malawiseeaquarium mit Rückwand

Buntbarsche aus dem Malawisee zählen zu den beliebtesten Aquarienfischen. Ja – vielleicht sind sie überhaupt die Spitzenreiter in der Beliebtheitsskala der Aquarienfische. Deshalb gehört in dieses Buch selbstverständlich auch ein Gestaltungsvorschlag für solch ein Aquarium. Die Anregungen können Sie auch auf Tanganjikasee- und andere Cichliden übertragen. Es ist lediglich ein Vorschlag, dem Sie jedoch alles Wesentliche zur Gestaltung Ihres eigenen Aquariums entnehmen können.

Nimbochromis venustus

Die Rückwand

Um ein attraktives Aquarium zu gestalten, das auch naturnah wirken soll, bietet es sich an, eine tatsächlich dreidimensional strukturierte Rückwand einzubauen, die der Struktur eines realen Felsufers nachgebildet ist. Zugegeben – die räumliche Gestalt der Rückwand nimmt viel Raum im Aquarium ein, da die Wand aber aus leichtem PU-Schaum besteht, bleibt dahinter genügend Platz, um Filter, Heizung und andere Technik verbergen zu können. Die Rückwände aus dem „Back to Nature"-Programm werden in den Standardgrößen der Aquarien oder als Module geliefert, die sich der Aquarianer selbst zurecht schneiden muß. Falls die Wand nicht paßt, lassen Sie sie aber am besten bei einem Schreiner zurecht schneiden, da das Material sehr hart ist.

Die Rückwand wird anschließend mit Silikon eingeklebt, wobei nicht an Klebstoff gespart werden darf, denn das Schaumstoffmaterial besitzt einen starken Auftrieb und würde sich nur allzu leicht lösen. Wichtig ist auch, daß wirklich alle Ritzen und Spalten mit Klebstoff gefüllt werden, damit später nicht Jungfische, kleine Schnecken oder andere Tiere hindurch und in den Filter schwimmen oder sich gar verklemmen können. – Es sei denn, es ist bereits sicher, daß nur größere Fische gepflegt werden.

Kalkgestein und Bodengrund waschen

Gebrochenes Kalkgestein dient zur Aufhärtung und Stabilisierung des Aquarienwassers, das für die Malawiseebuntbarsche idealerweise einen pH-Wert zwischen 8,0 und 8,5 aufweist. Die Gesamthärte des Wassers beträgt dabei zwischen 5 und 8 °dGH, bei einer elektrischen Leitfähigkeit von 150 bis 270 µS/cm. Der Kalksteinbruch, der manchmal auch unter dem Begriff „Jura-Perle" erhältlich ist, wird am besten im Filter, zwischen der Vor- und der Biofiltermasse untergebracht.

Für den Bodengrund wählen wir hingegen einen neutralen feinen Silikatsand, der die Wasserchemie nicht nennenswert beeinflußt. Der feine Sand ermöglicht den Buntbarschen das natürliche Graben und Durchkauen des Bodengrunds nach Nahrung, das sie auch im Aquarium beibehalten, selbst wenn sie hier unter diesen Bedingungen kaum Nährstoffe darin vorfinden. Das ist auch richtig so, damit es im Boden – der bei diesem feinen Material kaum von Wasser durchströmt wird – nicht zu Fäulnisprozessen kommen kann.

Kalksteine wie auch Sand werden am besten draußen im Garten in einem Eimer oder in einem hochwandigen Eimer so lange mit klarem Wasser durchspült, bis das überfließende Wasser keine nennenswerte Trübung mehr aufweist. Gleiches gilt auch für die im Filter als „Biosubstrat" für die Bakterien und anderen nützlichen Mikroorganismen dienenden Ton- oder Sinterglasröhrchen.

Das Kalkgestein wird in den Filter eingefüllt und der Sand etwa 8 bis 10 cm hoch als Bodengrund aufgeschichtet. Nun wird das Wasser eingefüllt. Eventuell ist es notwendig, das erste Wasser, wenn es sehr stark getrübt sein sollte, noch einmal auszutauschen. Um das unnötige Aufwirbeln des Sands zu verhindern, lohnt es sich, in bewährter Weise einen Teller an der Einfüllstelle unterzulegen. Die kleineren Einrichtungsgegenstände werden nun an den vorgesehenen Stellen plaziert, wobei auf das Lochgestein geeignete Pflanzen wie Javafarn, Javamoos oder Speerblätter aufgebunden werden können, die bald daran festwachsen. Es kommen nur kleinere Lochsteine und ähnliches infrage, da größere Dekorationsgegenstände von den Buntbarschen untergraben werden könnten, so daß diese schließlich umfallen und die Aquarienscheiben beschädigen könnten. Falls größere Steine als Dekoration im Aquarium vorgesehen sind, dann müssen sie vor dem Einfüllen des Sands direkt auf den Aquarienboden gelegt werden, zur Vorsicht eventuell mit Styroporplatten unterlegt, damit die Bodenscheibe nicht beschädigt werden kann. Es gibt im Fachhandel auch platzsparende Keramikelemente und künstlich mit Löchern versehene Steine. Achten Sie aber darauf, daß sich in Ihrem Aquarium später kein unschönes Sammelsurium wiederfindet!

Die Pflanzen

Es ist gar nicht so selten, daß Wasser- oder Sumpfpflanzen aus einem anderen, bereits in Betrieb befindlichen Aquarium im neuen Malawiseeaquarium wiederverwendet werden sollen. Gerade die langsamwüchsigen Pflanzen wie die großen westafrikanischen Speerblätter der Gattung *Anubias* neigen dazu, zu veralgen. Stark veralgte und beschädigte Blätter werden entfernt, schwach veralgte können auch gesäubert und abgebürstet werden, weil die Speerblätter relativ hart und robust sind. Notfalls können aber auch alle befallenen Blätter abgeschnitten werden, um zu vermeiden, daß die Algen in das neue Aquarium eingeschleppt werden. Das Rhizom enthält genügend Speicher- und Reservestoffe, um ein erneutes Ausschießen des Speerblatts zu gewährleisten. Um ein erneutes Veralgen der Blätter zu vermeiden oder zumindest zu verlangsamen, kann es sinnvoll sein, einige algenfressende Südamerikanische Harnischwelse einzusetzen. Diese müssen allerdings zu den robusteren Arten gehören, da sie ja im Malawiseeaquarium unter völlig anderen Wasserbedingungen als in ihrer geographischen Heimat leben müssen. Außerdem ist es nicht jedermanns Sache, südamerikanische Welse im afrikanischen Malawiseeaquarium mitzupflegen.

Aber dies ist nur eine „Geschmacksfrage“ des Aquarianers, denn den Fischen ist dies letztendlich gleichgültig, für sie ist es nur wichtig, daß sie in sauberem und verträglichem Wasser und in akzeptabler, weil verträglicher Gesellschaft gepflegt werden. Meistens beachten die Buntbarsche ihre Welsgesellschaft aber ohnehin gar nicht.

Anubias gracilis

Ein Teil der echten Wasserpflanzen sowie einige fest wurzelnde Sumpfpflanzen werden direkt im Bodengrund verankert. Bevor sie festgewachsen sind, sind sie mit einigen größeren Steinen, die um sie herum gelegt werden, vor dem Ausgegrabenwerden durch die Fische zu schützen. Einige Pflanzen haben sich besonders für das Malawiseeaquarium bewährt, auch wenn sie nicht alle tatsächlich im Malawisee vorkommen. Der Javafarn eignet sich sehr gut als Aufwuchs auf Gegenständen, er stammt jedoch aus Südostasien. Die verschiedenen Wasserähren, *Aponogeton* spp., stammen aus Südafrika und von Madakaskar. Der Wasserfreund, *Hygrophila* spp., stammt ebenfalls aus Südostasien, eignet sich aber aufgrund seiner neutralen Blattstruktur sehr gut. Allerdings sind seine Blätter relativ leicht und dienen den vegetarischen Buntbarschen gern als zusätzliche Nahrung. Die Pfeilblätter sind weltweit verbreitet und auch an den Sumpfufern des Malawisees zu finden. Darüberhinaus kommen noch die Wasserschrauben der Gattung *Vallisneria* infrage, die durchaus auch im Malawisee vertreten sind, was allgemein wenig bekannt ist.

Microsorum pteropus

Aponogeton rigidifolius

Hygrophila corymbosa

Sagittaria pusilla

Zu große Pflanzen werden einfach abgeschnitten. Bei Rhizom- und Stengelpflanzen können die abgeschnittenen Teile als Ableger neu eingesetzt werden.

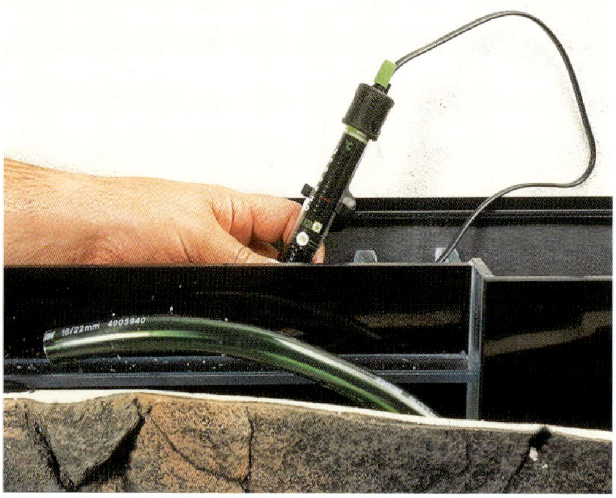

Die Technik

Für das Malawiseeaquarium wird im Prinzip die gleiche Technik in Form von Heizung, Motorfilter, Thermometer, Kohlendioxiddüngung und Beleuchtung wie bei anderen Aquarien benötigt. Auf ein Bodenheizkabel verzichten wir allerdings besser, denn es könnte von den Buntbarschen nur allzuleicht ausgegraben werden. Dies wäre nicht weiter schlimm, aber es sieht sehr unschön aus und es erfordert unnötige Arbeit vom Aquarianer, das Kabel immer wieder einzugraben. Ein Stabregelheizer findet hingegen in der Vorfilterkammer gut Platz. Zwei schwache Heizer bieten eine größere Sicherheit als ein leistungsfähigerer Regelheizstab.

Der Raum hinter der „Naturrückwand" kann zudem für den Filter genutzt werden. Der vorhandene Platz wird in mehrere Kammern unterteilt und in der letzten wird eine kräftige Motorpumpe installiert, die das Wasser ins Aquarium zurückbefördert. Weil vor allem die an den Felsküsten lebenden Buntbarsche die Strömung lieben, kann es sinnvoll sein, eine zusätzliche Strömungspumpe zu installieren. Eine der Filterausströmöffnungen kann zusätzlich mit einem Diffusor zur Sauerstoffversorgung bestückt werden. Der Diffusor wird einfach auf das Schlauchende gesteckt und mit einem dünneren Schlauch zum Ansaugen der Luft versehen. Wichtig ist, daß sich die Öffnung dieses dünnen Schlauchs nicht unterhalb der Höhe des Wasserspiegels im Aquarium befindet, weil ansonsten bei einem Filterausfall durch diesen Schlauch Wasser aus dem Aquarium herausfließen könnte.

Der Diffusor erzeugt allerdings auch intensive Turbulenzen, so daß dadurch das für die Wasserpflanzen notwendige gelöste Kohlendioxid aus dem Wasser ausgetrieben wird. Deshalb ist es bei der Gefahr eines Sauerstoffmangels viel sinnvoller, den Sauerstoff mittels eines Oxydators ins Wasser zu bringen. Der Oxydator ist ein mit einem Katalysator versehener Behälter, der mit einer aus verdünntem Wasserstoffperoxid bestehenden Flüssigkeit bestückt wird. Dieses Wasserstoffperoxid zerfällt nach und nach in reines Wasser und reinen Sauerstoff, wobei der Sauerstoff teilweise auch schädliche Substanzen binden und somit unschädlich machen kann. Dieses Gerät hat somit eine weitere positive Nebenwirkung. Das verdünnte Wasserstoffperoxid ist bereits fertig verdünnt im Zoofachhandel erhältlich. Es wird in den Glasbehälter gefüllt und dann in das Tongefäß gestülpt. Das Tongefäß wird mit der Tonkugel verschlossen und kurz darauf sind die herausperlenden Sauerstoffbläschen sichtbar. Der Oxydator bedarf keiner weiteren Wartung. Sobald die Vorratsflüssigkeit verbraucht ist, was am Ausbleiben der Sauerstoffbläschen leicht erkennbar ist, wird er einfach neu befüllt. Sofern die Seitenscheiben des Raums hinter der „Naturrückwand“ gut einsehbar sind, kann hier auch das Thermometer mit einem Saugnapf befestigt werden. Die Temperaturkontrolle ist wichtig und muß deshalb problemlos und schnell durchführbar sein. Deshalb ist es wichtig, daß das Thermometer an einem gut sichtbaren Ort untergebracht ist. Dafür ist notfalls auch eine kleine optische Störung des Gesamteindrucks des Aquariums in Kauf zu nehmen. Die Wassertemperatur wird für die Malawibuntbarsche bei etwa 25 °C eingeregelt.

Manchen Aquarianer wird es erstaunen, daß im Malawiseeaquaium eine Kohlendioxiddüngung installiert werden soll. Wenn aber zahlreiche Pflanzen eingesetzt werden, dann profitieren diese selbstverständlich vom im Wasser gelösten CO_2. Der Hauptgrund ist jedoch, daß sich mit Hilfe des CO_2 die Wasserchemie, darunter vor allem der pH-Wert besser stabilisieren läßt. Das gelöste CO_2 wandelt sich in Carbonat- oder Bicarbonationen um, die direkt die Karbonathärte des Aquarienwassers beeinflussen. Einen stabilen Wasserchemismus belohnen die Fische mit Wohlbefinden und somit mit intensiveren Farben und besseren Zuchterfolgen.
Gelöster Sauerstoff und gelöstes Kohlendioxid beeinflussen sich unter Aquarienbedingungen gegenseitig kaum, so daß eine Versorgung mit beiden lebenswichtigen Grundstoffen problemlos über Kohlendioxiddiffusor und Oxydator erfolgen kann.
Selbstverständlich benötigen die Pflanzen im Aquarium auch eine Beleuchtung. Aber auch die Fische sollten sich mit Hilfe der über eine Zeitschaltuhr gesteuerten Aquarienbeleuchtung auf einen festen Tag-Nacht-Rhythmus einstellen können. Für die tropischen Fische und Pflanzen ist eine Beleuchtungszeit von zwölf bis 13 Stunden angemessen. Für eine Malawiseeaquarium mit den genannten Pflanzenarten, die nicht allzu anspruchsvoll in ihrem Lichtbedarf sind, dürften die üblichen zwei Leuchtstoffröhren genügen. Falls der Beleuchtungskasten sehr dunkel ist, müssen die Leuchten mit zusätzlichen Reflektoren versehen wird, damit die Lichtenergie sinnvoll genutzt werden kann. Für den Vordergrundbereich muß bei größeren Aquarien eine zusätzliche Leuchtstoffröhre direkt über dem Vordergrund vorgesehen werden und bei Aquarienhöhen über 50 cm ist es generell sinnvoll, auf andere lichtintensivere Beleuchtungssysteme wie Quecksilberdampflampen – wie auch in unserem Beispielaquarium – zurückzugreifen; sie verbrauchen zwar viel Energie, nutzen diese aber optimal.

Die Fische einsetzen

Nach einer Einlaufphase des Aquariums von etwa drei Wochen können die Fische eingesetzt werden. Der Fischbesatz muß von vornherein genau geplant sein, damit alle neuen Fische nach Möglichkeit am gleichen Tag eingesetzt werden können. Buntbarsche, vor allem die Männchen, sind zeitweise sehr aggressiv und unterteilen sich das Aquarium in kleine Reviere oder bevorzugte Aufenthaltsbereiche. Nach dem Erstbesatz ist dann das Aquarium unter den vorhandenen Fischen aufgeteilt, und neu hinzugesetzten Fischen fällt es schwer, sich ihren Platz in dieser festgefügten Gesellschaft zu erobern. Oft ist es den Neuankömmlingen sogar ganz unmöglich, sich einzufügen, so daß es infolge des Stresses, der auf die Neuen einwirkt, und von Verletzungen sogar zu Todesfällen kommen kann.

Die Fische treffen hoffentlich gut verpackt und in mit Sauerstoff versorgten Beuteln bei Ihnen ein. Nun lassen Sie die Beutel nicht auf der Oberfläche des Aquariums schwimmen. Es ist zwar richtig, daß sich auf diese Weise die Temperatur des Transportwassers an die Aquarienwassertemperatur angleicht, aber die Aufenthaltszeit im Beutel wird unnötig verlängert und das helle Licht der Aquarienbeleuchtung könnte die Fische in dem engen Beutel in Panik versetzen. Stattdessen wird wie folgt verfahren: vom Aquarienwasser wird etwas in einen sauberen Eimer (in dem keine Putzmittelrückstände vorhanden sein dürfen) gesaugt, dann werden die Fische mit dem Beutelwasser hinzugeschüttet und anschließend ganz langsam etwas Wasser aus dem Aquarium hinzulaufen lassen, bis die Fische sich – unter ständiger Aufsicht – an die neuen Verhältnisse akklimatisiert haben. Nun können die Fische mit einem Kescher aus dem Eimer herausgefangen und ins Aquarium gesetzt werden. Eine Hand wird vor die Kescheröffnung gehalten, da die stark zappelnden Fische sonst herausspringen und sich verletzen könnten.

Das Wasser im Einer wird weggeschüttet. Dieser

Vorgang wird nun so oft wiederholt, bis alle Fische eingesetzt sind. Das nach der Beendigung der Einsetzaktion im Aquarium fehlende Wasser wird nun mit frischem ergänzt, das zuvor fischgerecht aufbereitet wurde, indem Wasserhärte und -temperatur angepaßt und Wasseraufbereitungsmittel zugesetzt wurde. In den folgenden Tagen müssen die Fische genau beobachtet werden, um zu kontrollieren, ob Krankheiten eingeschleppt wurden; auch die chemisch-physikalischen Wasserwerte sind täglich zu überprüfen.

Fische herausfangen

Manchmal ist es notwendig, Fische aus dem Aquarium herauszufangen, zum Beispiel wenn ein maulbrütendes Buntbarschweibchen die Jungen in einem anderen Aquarium ungestört austragen soll, oder wenn ein verletzter oder kranker Fisch in ein Quarantäneaquarium umzusetzen ist.

Die Fische kennen sich in ihrem Aquarium sehr bald ausgezeichnet aus und wissen jede Höhle und jeden Winkel zu nutzen, um dem Gefangenwerden zu entgehen. Am besten werden die Fische deshalb nachts, wenn sie schlafen, gefangen. Für eine solche Fangaktion muß aber am Tage bereits alles vorbereitet werden, weil die Fische sehr schnell aus dem Schlaf erwachen. Meist ist es nur möglich, einen oder zwei Fische zu erwischen, da die anderen in der Zwischenzeit bereits erwacht sind. Ein etwa halb mit Wasser aus dem Aquarium gefüllter Eimer sollte bereits zuvor bereitstehen. Auch ein passender Deckel ist nützlich.

Ist die Fangaktion am Tage durchzuführen, dann erweist es sich als nützlich, wenn so etwas von vornherein eingeplant war, und sich die Einrichtungsgegenstände und technischen Geräte leicht entfernen lassen. Zunächst kann der Fang aber so versucht werden. Dabei wird ein Kescher ins Aquarium gestellt und dann wird versucht, den Fisch mit einem weiteren Kescher ins Netz zu treiben. Bringt dies keinen Erfolg, so müssen letztendlich die größeren Steine und Pflanzen doch herausgenommen werden.

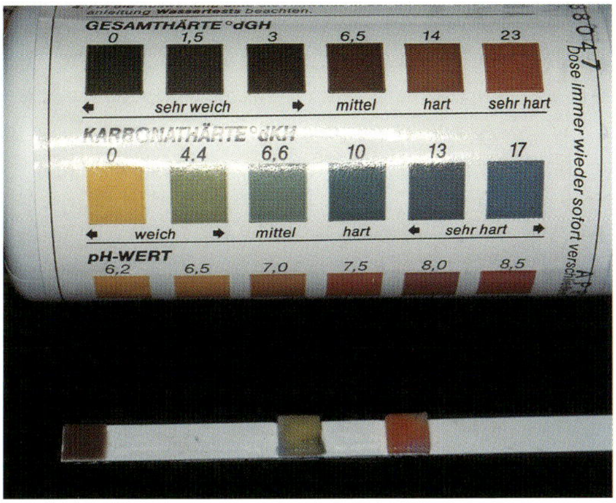

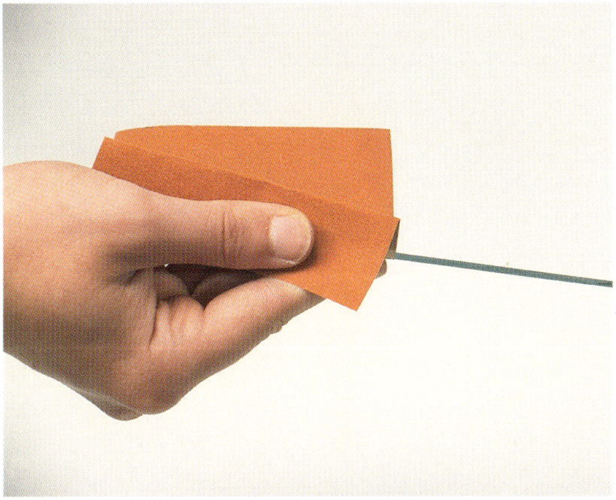

Selbstverständlich müssen die Wasserwerte in dem Aquarium, in das die herausgefangenen Fische gesetzt werden, mit dem Ausgangsaquarium weitgehend übereinstimmen. Es gibt Wassertests, die alle für die Aquaristik wesentlichen Wasserwerte auf einem Teststreifen nachweisen.

Die Deckscheiben

Buntbarsche und viele andere Fische sind hervorragende Springer. Um zu vermeiden, daß die Fische aus dem Aquarium herausspringen und sich dabei verletzen oder – wenn ihr Herausspringen nicht bemerkt wird – gar austrocknen und langsam sterben, müssen die Aquarien dicht abgedeckt werden. Als Abdeckung haben sich dünne Glasscheiben, die möglichst wenig Licht schlukken, bewährt. Passende Deckscheiben sind beim Glaser zu besorgen, denn meist werden sie nicht mit dem Aquarium mitgeliefert. Sollen die Kanten der Scheiben noch nicht gebrochen sein, dann müssen sie unbedingt mit Sandpapier abgeschliffen werden, da ansonsten ein enormes Unfallrisiko bestehen würde. Trotz aller Vorsicht gerät der Aquarianer nämlich immer wieder in Kontakt mit den Kanten der Deckscheiben. Auf die Vordere Deckscheibe werden mit Silikon ein oder zwei Glasmurmeln aufgeklebt, weil die Scheiben mit dieser Hilfe leichter zu öffnen sind.

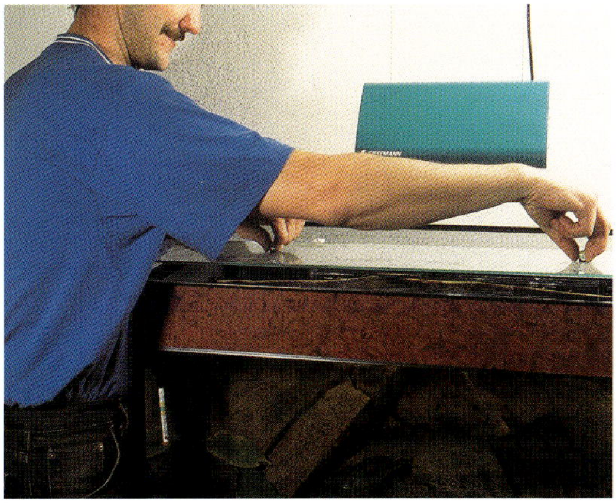

Die Aquarienpflege

Zur Aufrechterhaltung der Wasserqualität und zur Verdünnung der im Wasser gelösten Ausscheidungen der Fische ist neben der regelmäßigen Reinigung des Filters auch ein regelmäßiger Teilwasserwechsel wichtig. Der große, vornehmlich biologisch arbeitende Filter ist – abhängig vom Fischbesatz – lediglich viertel- bis halbjährlich zu reinigen. Die Watte in der Vorfilterkammer wird etwa alle zwei- bis drei Wochen ausgetauscht. Die Schaumstoffpatrone des Schnellfilters ist hingegen etwa wöchentlich zu reinigen. Jeder Aquarianer wird seinen eigenen Rhythmus entwickeln, da die notwendigen Tätigkeiten von vielen verschiedenen Faktoren wie Aquariengröße, Dichte des Fischbesatzes, Art und Menge der Fütterung, Nachzuchterfolge, Empfindlichkeit der Fische, Wasserchemie und vielem anderen mehr abhängig sind.

Zum Wasserwechsel gibt es allerdings konkrete Vorgaben. Wöchentlich oder zweiwöchentlich wird ein Viertel bis ein Drittel des alten Aquarienwassers gegen frisches ausgetauscht. Zuvor werden die Scheiben von eventuell in der Zwischenzeit daran festgewachsenen Algen befreit. Beim folgenden Absaugen des Mulms, der Algenreste und möglicherweise vorhandener abgestorbener Pflanzenteile mit dem Schlauch wird mindestens ein Viertel des Aquarienwassers – besser mehr – entfernt. Wohl dem, der jetzt aus seiner Wasserleitung frisches Wasser passender Wasserwerte entnehmen kann. In diesem Fall kann einfach mit dem Schlauch temperiertes Wasser – unter Zugabe eines nach Vorschrift dosierten Wasseraufbereitungsmittels – ins Aquarium laufen gelassen werden. Doch Vorsicht! Bei zu massiven Änderungen der Wasserwerte oder bei falscher, weil zu geringer oder unrichtig dosierter, Düngung kann es nach einem umfangreichen Wasserwechsel zu einem Absterben von Wasserpflanzen kommen. Dies passiert vor allem dann, wenn die zeitlichen Abstände zwischen den Wasserwechseln zu lang sind. Unfälle solcher Art sind also bei einer gewissenhaften Aquarienpflege leicht zu vermeiden. Falls die Wasserwerte des Leitungswassers nur gering von denen im Aquarium abweichen, kann die Aufhärtung mit Kalkgestein oder chemischen Aufhärtungsmitteln im Aquarium erfolgen. Sind die Unterschiede größer, dann muß das Wasser zuvor in einem anderen Behälter aufbereitet, das heißt enthärtet oder mit zusätzlichen Mineralstoffen versetzt werden. Die Aufstellung eines solchen Behälters, einer Wanne oder eines Aquariums, muß bei der Planung des Malawiseeaquariums bereits mitberücksichtigt werden. Auch Stellorte für Aufzuchtaquarien im Falle möglicher Nachzuchterfolge wären sinnvollerweise bereits einzuplanen.

Die Fische

Aus der großen Zahl prächtiger Malawiseecichliden sollen kleinere Arten, die sowohl von ihrem Temperament als auch von ihrer Körperfärbung her miteinander harmonieren, im Gesellschaftsaquarium kombiniert werden. Aufgrund der Vielzahl der Malawiseebuntbarsche haben sich nur für wenige Arten deutsche Namen eingebürgert, es ist meist üblich, auch umgangssprachlich die wissenschaftlichen Namen der Fische zu benutzen, was – abgesehen von den Schwierigkeiten, die manchmal komplizierten Namen zu erlernen – eigentlich von Vorteil ist, denn die Gefahr von Verwechslungen ist dadurch verringert.

Neben dem einleitend bereits gezeigten *Nimbochromis venustus* pflegen wir außerdem zwei unterschiedliche Kaiserbuntbarscharten der Gattung *Aulonocara*, die nicht näher miteinander verwandt sind, so daß es nicht zu Kreuzungen kommen kann.

Außerdem werden ein Männchen und drei oder vier Weibchen der prächtigen gelben Variante von *Labidochromis caeruleus* eingesetzt. Diese Fische sind auch in der Gesellschaft lebhafterer Arten sehr durchsetzungsfähig und laichen deshalb auch im Gesellschaftsaquarium ab. Die vom Weibchen ausgetragene Brut hat aber im Aqua-

Aulonocara hansbaenschi-Männchen

Maulbrütendes *Aulonocara hansbaenschi*-Weibchen

Aulonocara baenschi

Maulbrütendes *Labidochromis caeruleus*-Weibchen

rium meist keine Chance, aber mit vielen kleinen Spalten und anderen Verstecken in der Einrichtung kann den Kleinen sehr geholfen werden.

Neben den vielen bewährten *Maylandia-* und *Pseudotropheus*-Arten möchten wir vor allem noch den prächtigen hellblauen *Placidochromis electra* empfehlen, der trotz seiner Größe von bis 17 cm recht friedfertig ist und sich gut in die Gesellschaft einfügt.

Placidochromis electra-Männchen

Lebendgebärende Zuchtformen-Gesellschaft

Lebendgebärende Zahnkarpfen sind die „klassischen Aquarienfische". Dies sicher nicht nur deshalb, weil einige von ihnen leicht zu züchten sind, sondern auch, weil viele „Lebendgebärer" wunderschöne Farben beziehungsweise ein prächtiges Flossenwerk aufweisen. Sicher beschäftigen sich nicht nur „Anfänger" mit diesen Fischen, sondern mancher „alte Hase" kommt nicht von diesen Fischen los oder kehrt zumindest immer wieder einmal zu ihnen zurück.

Poecilia velifera

Vallisneria spiralis

Um Wiederholungen zu vermeiden verwenden wir für dieses Lebendgebärendenaquarium die gleiche Grundform mit einer ähnlichen Rückwand wie in dem Aquarium für Malawiseebuntbarsche. Die entsprechenden Einrichtungsschritte bis zum Einsetzen der Wasserpflanzen sind also im vorherigen Kapitel nachzulesen.

Die Pflanzen

Für unser Aquarium mit lebendgebärenden Zahnkarpfen wählen wir selbstverständlich eine besondere Bepflanzung aus. Für den Hintergrund entscheiden wir uns für hochwüchsige Sumpfschrauben, zentral – als Solitärpflanze – eine löffelblättrige Amazonasschwertpflanze und an einer Seite eine langblättrige Amazonasschwertpflanze sowie eine aus den Carolina-Fettblatt bestehende Gruppe. Außerdem können noch ein Stein mit Javafarn oder eine auffällige Lotuspflanze plaziert werden. Eine Hintergrundbepflanzung mit den langblättrigen Sumpfschrauben der Art *Vallisneria spiralis* hat den Vorteil, daß diese Pflanze bald zahlreiche Ausläufer bildet und somit einen geschlossenen Bestand bildet, so daß der Hintergrund kaum noch zu sehen ist. Dies ist vor allem dann wichtig, wenn eine weniger schöne Rückwand vorhanden ist, die mit Hilfe dieser Pflanzen getarnt werden soll. Faulende Wurzeln werden abgeschnitten.

Vallisneria asiatica

Nymphaea lotus

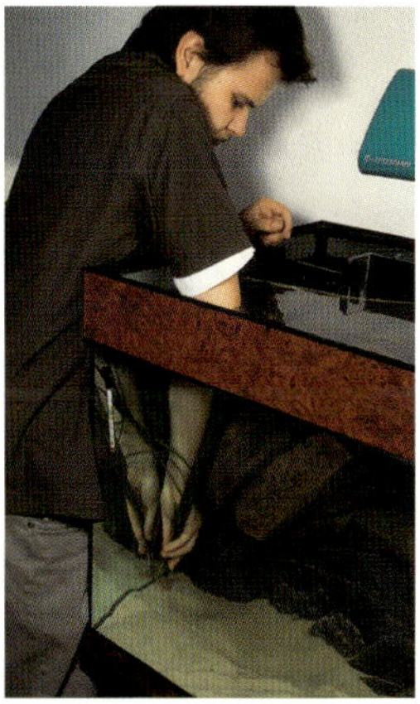

Crossocheilus siamensis *Nematobrycon palmeri*

Ein weiterer Vorteil ist die Tatsache, daß die langen grasartigen Blätter später an der Oberfläche fluten und sich dadurch viele Jungfische zwischen ihnen verstecken können. Wer eine Sumpfschraube mit ungewöhnlicherer Blattform wünscht, der entscheidet sich für *Vallisneria asiatica* var. *biwaensis*, die mit ihren korkenzieherartig gedrehten Blättern auffällt, allerdings deutlich langsamer wächst und etwas höhere Ansprüche an die Beleuchtung stellt.

Die Sumpfschrauben werden an der Rückwand entlang gepflanzt, wobei zwischen den einzelnen Pflanzen genügend Platz bleibt, daß das Licht bis zum Bodengrund gelangen kann, was die Ausläuferbildung fördert. Nach vorn wachsende Ausläufer werden später gekappt. Die dadurch gewonnenen Ableger werden zur Erneuerung älterer Pflanzen, die mit der Zeit zu groß werden, genutzt. Auch für die Bepflanzung eines neuen Aquariums – beispielsweise für die Aufzucht der zahlreichen Nachkommen der Lebendgebärenden – kommen sie gerade recht.

Zwar zupfen die lebendgebärenden Mollys und Guppys ständig an allen Oberflächen herum und verzehren dabei auch Algen und anderen Aufwuchs, doch hat es sich bewährt, einen guten Algenfresser wie die Siamesische Grünflossenbarbe, *Crossocheilus siamensis* (im Foto links), zur Algenbekämpfung hinzuzusetzen.

Microsorum pteropus

Die schon in anderem Zusammenhang erwähnten mit Javafarn, *Microsorum pteropus*, bewachsenen Steine werden als Blickfang etwas seitlich vom Mittelpunkt des Aquariums plaziert. Abgesehen davon, daß der Java- oder Schwarzwurzelfarn eine dekorative Aquarienpflanze ist, ist er, an Dekorationsgegenständen festgewachsen, sehr gut und variabel im Aquarium einsetzbar. Der Farn bildet mit zunehmendem Wachstum direkt an den älteren Blättern Ableger, die sogenannten Kindel, die bei einer Blattlänge ab etwa 4 cm abgetrennt und auf anderen Dekrationsgegenständen aufgebunden werden können. Auf diese Weise entsteht nach und nach ein prächtiger „Farnurwald".

Stengelpflanzen wie das Carolina-Fettblatt, *Bacopa caroliniana*, sind ebenfalls leicht zu vermehren. Die einzelnen Stengel werden direkt neben einander, aber mit soviel Abstand gepflanzt, daß sich die einzelnen Blätter nicht überlappen und bis unten hin Licht erhalten. Das ist wichtig, damit die unteren Blätter nicht zu früh abgeworfen werden, denn die dann kahlen Stengel wirken sehr unschön. Die kürzeren Stengel werden nach vorn gepflanzt, die mittellangen in die Mitte und die langen nach hinten. So entsteht eine schöne Pflanzengruppe, die nur wenig Pflege benötigt. Sobald die Stengel die Wasseroberfläche erreicht haben und daran entlang zu wachsen beginnen, werden

Bacopa caroliniana

Bacopa caroliniana

Echinodorus muricatus

die Stengel bei etwa ein Drittel Länge abgeschnitten und die Spitzen neu eingepflanzt. Diese bewurzeln schnell und wachsen somit bald weiter. Der alte Stumpf kann – wenn er zu unschön wirkt – entfernt werden; er kann aber auch stehen bleiben, denn nach einiger Zeit treiben neue Spitzen aus ihm aus. Auf diese Weise können alle Fettblattarten leicht vermehrt werden. Löffelblättrige Amazonas-Schwertpflanzen wie der Große Spitzblättrige Froschlöffel, *Echinodorus muricatus*, und Schlüters Froschlöffel, *Echinodorus schlueteri*, werden beeindruckende Solitärpflanzen, die auf Dauer nur in größeren Aquarien gepflegt werden können. Die Blätter und vor allem die Stengel werden mit zunehmendem Wachstum der Pflanzen immer größer und länger. Sie haben bald das Bestreben aus dem Wasser herauszuwachsen. Deshalb werden bei der Pflanzenpflege nicht nur die älteren und unschönen Blätter mit Planzenschere und -zange entfernt, sondern auch einige der jungen, neu austreibenden Blätter, damit die Pflanze nicht zu viel Kraft gewinnt und zu groß für das Aquarium wird. Mit der Pflanzzange können Düngetabletten bei den Wurzeln in den Boden gedrückt werden. Die langen Blütenstengel bleiben hingegen an der Pflanze, auch wenn sie nicht blühen kann, weil das Aquarium mit Deckscheiben abgedeckt ist. An den Blütentrieben bilden sich nämlich, wenn sie sich unter Wasser befinden, die Ableger!

Echinodorus schlueteri

Echinodorus schlueteri

Echinodorus amazonicus

Echinodorus parviflorus

Echinodorus parviflorus

Auch die eigentliche Amazonas- oder Schmalblättrige Schwertpflanze, *Echinodorus amazonicus*, und die Schwarze Amazonas-Schwertpflanze, *Echinodorus parviflorus*, sind nur für größere Aquarien geeignet. Aufgrund ihrer langblättrigen Blattformen sind sie sowohl als Solitärpflanzen wie auch zur Randbepflanzung einsetzbar.
Auch für diese Froschlöffelgewächse gilt, daß sich an ihren Blütenständen Ableger bilden, wenn diese unter die Wasseroberfläche gedrückt und am Herauswachsen aus dem Wasser gehindert werden. Nur sehr alte und gutwüchsige Amazonas-Schwertpflanzen bilden direkt am Wurzelstock Ableger, so daß sie nach einigen Jahren beim Umpflanzen geteilt werden können.

Mulm absaugen

Da es nicht jedermanns Sache ist, das Aquarienwasser mit dem Mund durch den Schlauch anzusaugen, gibt es wertvolle Hilfen im Fachhandel. Zum Mulmabsaugen wird ein spezieller, batterie- oder akkubetriebener Absauger eingesetzt, der verhindert, daß beim Absaugen Bodengrundmaterial mit entfernt wird. Auf diese Weise wird auch vermieden, daß zur Entfernung der Trübstoffe mehr Wasser aus dem Aquarium herausgenommen werden muß als für den fälligen Wasserwechsel notwendig wäre.

Belüftung

Vielfach ist es heute nicht mehr üblich, luftbetriebene Sprudelsteine im Aquarium einzusetzen. Der Nachteil der Sprudelsteine ist das bereits angesprochene Problem, daß sie zwar Sauerstoff ins Wasser einbringen, aber gleichzeitig das für das Pflanzenwachstum notwendige Kohlendioxid austreiben. Speziell für Aquarien mit Lebendgebärenden bietet sich aber ein Kompromiß an, sofern robustere Pflanzen – wie die hier vorgestellten – gepflegt werden. Vor allem wenn Kinder mit im Haushalt leben, dann bieten die perlenden Luftblasen aus dem Sprudelstein einen zusätzlichen Anreiz, ins Aquarium zu schauen. Aber

auch so wird das schöne grüne und lebendige Lebendgebärendenaquarium bald der Mittelpunkt im Haus sein.
Hier, der besseren Sichtbarkeit wegen im Vordergrund des Aquariums plaziert, bringen Sie die Belüftung in Ihrem Aquarium daheim im Hintergrund an, damit der unschöne Luftschlauch und der Sprudelstein besser getarnt sind. Weil die mit Luft gefüllten Gegenstände ohne Hilfsmittel nicht unter Wasser bleiben würden, werden sie mit einem Stein beschwert und somit am gewünschten Standort festgehalten. Im Fachhandelt gibt es Membranluftpumpen, Schläuche,

Zuviele Luftblasen.

Schlauchklemmen, T-Stücke, Sprudelsteine und weiteres Zubehör in nahezu allen gewünschten Ausführungen. Ihr Zoofachhändler berät Sie sicher gern, denn jeder Aquarianer sollte eine gute Luftpumpe daheim haben, auch wenn sie nicht dauerhaft am Aquarium in Betrieb ist, denn bei einem Ausfall des Motorfilters oder im Krankheitsfall der Fische kann es notwendig sein, kurzfristig eine Belüftung in Betrieb nehmen zu müssen. Und wenn der unerwünschte Unglücksfall ausgrechnet am Wochenende eintritt, dann besteht keine Möglichkeit mehr, die notwendigen Geräte kurzfristig erwerben zu können – beugen Sie also vor!

1/2 reduziert

Stark reduziert, mit Schlauchklemmen regulierbar.

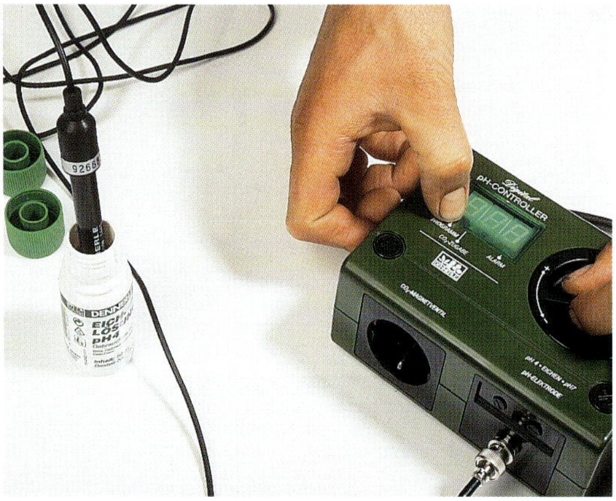

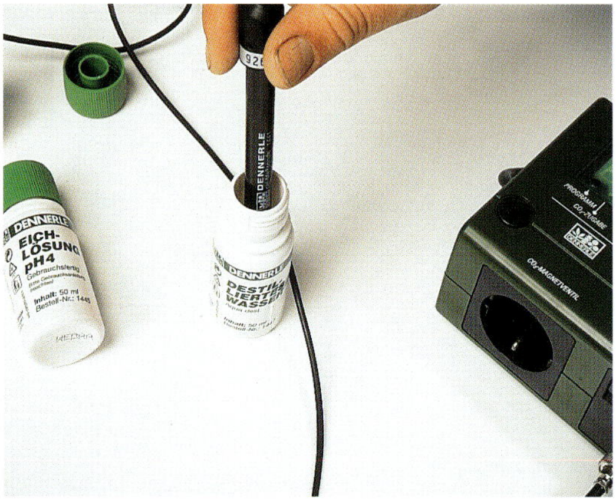

Kohlendioxid

Ein wichtiger Baustein für ein schön bepflanztes Aquarium ist die Düngung der Pflanzen mit im Wasser gelöstem Kohlendioxid. Pflanzen benötigen unbedingt CO_2. Sie nehmen Kohlenstoff in Form von gelöstem Kohlendioxid aus dem Wasser auf. Im Aquarium herrschen für Wasserpflanzen erschwerte Bedingungen, deshalb wird der Pflanzenwuchs oft nicht so gut wie in freier Natur funktionieren. Folglich müssen wir mit der CO_2-Düngung etwas nachhelfen. Für Aquarien mit Wasserpflanzenbeständen empfiehlt es sich schon, eine größere CO_2-Metallpfandflasche zu erwerben. Dazu sind dann ein Druckminderer und eine Reaktionskammer erforderlich. Das Kohlendioxid wird über ein Druckventil in das Wasser geblasen; dabei muß es sich in einem Reaktionsrohr oder in einem Diffusor in dem Aquarienwasser lösen. Dann entsteht Carbonat, das im Wasser von den Pflanzen aufgenommen werden kann. Eine Kohlendioxiddüngung macht sich in Pflanzenaquarien schnell bezahlt.
Unter normalen Umständen finden sich ausreichende Mengen CO_2 im Aquarienwasser. Es kann sich aber unerwünscht vermindern, wenn das Wasser stark bewegt ist und dadurch viel Kohlendioxid an die Atmosphäre abgegeben wird, und wenn das Aquarium stark bepflanzt und gering bevölkert ist (z. B. in einem Holländischen Pflanzen- oder Japanischen Naturaquarium).
Das Aquarienwasser kann aber auch mit Hilfe von im Fachhandel angebotenen Mitteln auf künstliche Weise mit Kohlendioxid angereichert werden. Wie der Sauerstoff ist das Kohlendioxidgas ein anteilmäßig geringer, aber wesentlicher Bestandteil der atmosphärischen Luft. Darüberhinaus wird es bei der Atmung der Organismen abgegeben. Im Wasser löst es sich, und so befindet sich im Aquariumwasser normalerweise eine Menge, die ausreicht, um den Pflanzen ein gesundes Wachstum zu ermöglichen.
Ein Kohlendioxidmangel schränkt die Entwicklungsmöglichkeiten der Pflanzen ein, denn sie

können dadurch keine ausreichenden Mengen ihrer Pflanzensubstanz herstellen. Das Kohlendioxidgas wird bei Wasserpflanzen durch die oberste Zellschicht absorbiert, bei Landpflanzen und solchen, die emers als Sumpfpflanzen wachsen, durch spezielle Spaltöffnungen in den Blättern. Eine Düngung der Wasserpflanzen mit im Wasser gelösten Kohlendioxid ist für die meisten Arten wesentlich. Praktikable CO_2-Düngegeräte sind durchaus erschwinglich und es gibt keinen Grund darauf zu verzichten. Es ist sinnvoll, gleich ein Gerät mit Nachtabschaltung zu verwenden, weil dadurch CO_2 gespart wird.

Das heute gängigste CO_2-System funktioniert derart, daß feine CO_2-Gasblasen durch ein langes, meist spiralförmiges System geleitet werden, das in direktem Kontakt zum Wasser steht. Mit der nach oben strebenden Gasblase wird Wasser mitgerissen, so daß das Wasser im System ständig ausgetauscht und somit weiteres Wasser mit CO_2 aufgeladen wird. Die Blase wandert in dem Rohr mit dem Wasser nach oben und wird dabei durch Lösungsvorgänge im Wasser ständig kleiner. Wenn der CO_2-Nachschub ideal eingestellt ist, dann wird die Gasblase unterwegs im System so klein, daß sie die Wasseroberfläche letztendlich nicht mehr erreicht.

Die CO_2-Gasversorgung des Systems erfolgt über Standard-Gasflaschen, die im Pfandsystem vertrieben werden. Das zugehörige Reduzierventil muß auf winzigste Mengen genau einstellbar sein. Die optimale Ausstattung besteht dann darin, daß die CO_2-Versorgung direkt über ein pH-Meter gesteuert wird. Das heißt, der pH-Sollwert wird beispielsweise auf einen pH-Wert von 6,8 eingestellt; sinkt der Wert, dann wird die CO_2-Versorgung verringert oder ganz eingestellt, steigt der Wert, wird der CO_2-Nachschub erhöht. Da über den CO_2-Gehalt ein Gleichgewicht zum gelösten Kohlendioxid besteht, das vereinfachend Kohlensäure genannt wird, ist auf diese Weise einerseits ein gleichmäßiger CO_2-Gehalt im Wasser erreichbar und andererseits läßt sich so der pH-

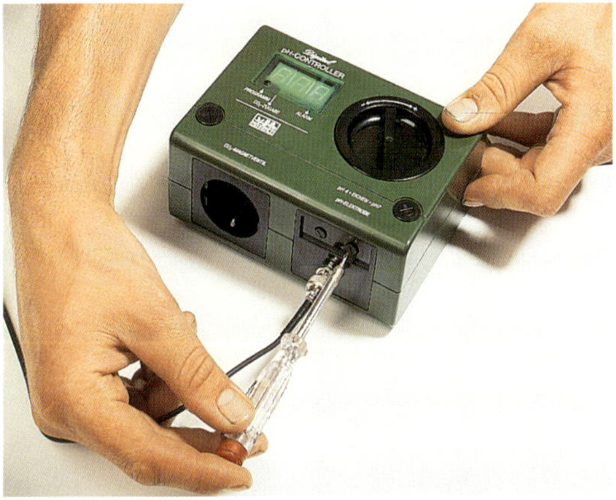

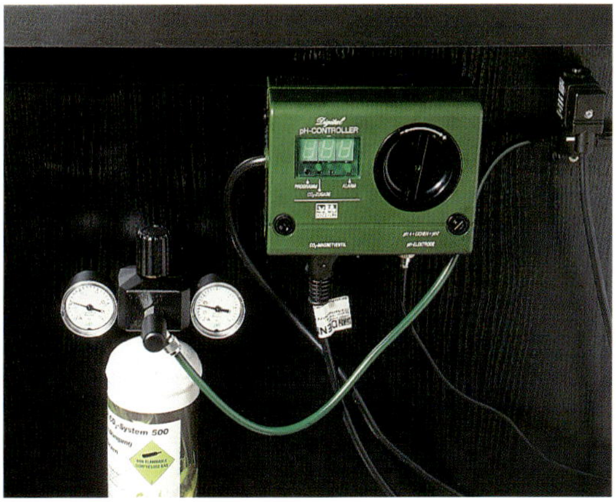

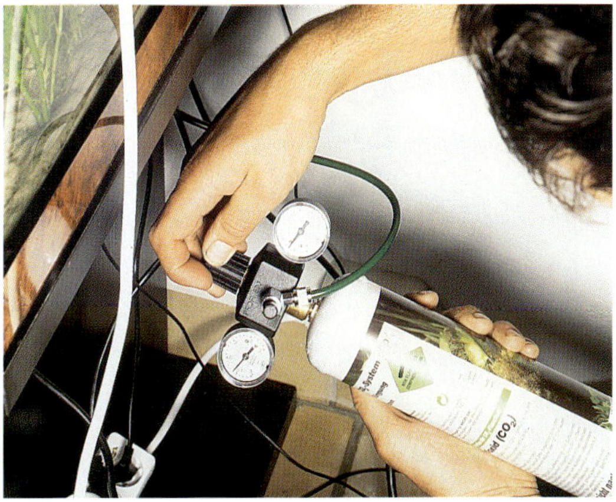

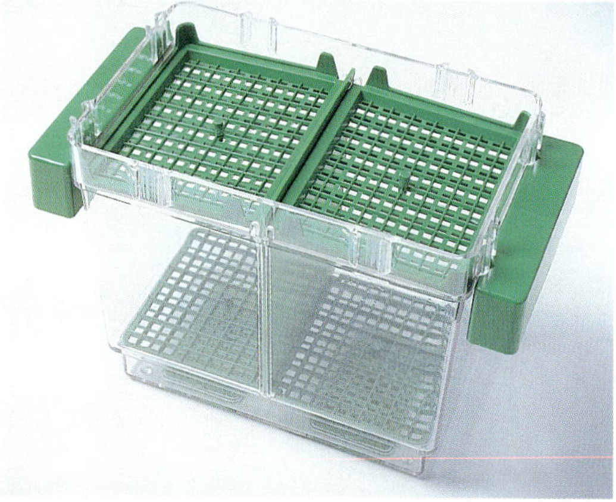

Poecilia velifera

Wert im Tagesverlauf stabil halten. Damit dieses System funktioniert, darf das Wasser aber nicht zu weich sein, weil sonst bereits winzigste Mengen CO_2 den pH-Wert verändern würden. Extrem hartes Wasser, das einen hohen CO_2-Verbrauch verursachen würde, scheidet für die Wasserpflanzenpflege ohnehin aus, weil es den meisten Tropenpflanzen unzuträglich ist.

Zucht der Lebendgebärenden

Die Zucht mancher Arten ist einfach. Das trächtige Weibchen, erkennbar am deutlich dickeren Bauch und bei einigen Arten auch am dunklen Trächtigkeitsfleck am Hinterleib, wird in ein eigenes Aquarium oder in einen Ablaichkasten gesetzt. Ein Weibchen wirft etwa alle vier Wochen und es sollte etwa eine Woche vor dem Termin aus dem Gesellschaftsaquarium herausgenommen werden, damit es sich an die veränderten Bedingungen gewöhnen kann.

Wenn Sie keinen Platz für ein zusätzliches Aquarium übrig haben und einen Ablaichkasten verwenden wollen, dann achten Sie darauf, daß er groß genug ist! Viele Ablaichkästen sind für zwei Weibchen unterteilbar, aber dann wird der verfügbare Platz endgültig zu klein. Wichtig ist auch, daß der Kasten selbsttätig schwimmt und über einen Deckel verfügt. Der Deckel ist deshalb wichtig, weil die Fische sehr gut springen. Wenn sie mühsam eingefangen und in den Kasten gesetzt wurden, dann dauert es nicht lange, meist höchstens bis zur folgenden Nacht und die Weibchen sind wieder daraus verschwunden. Nachdem die Jungen abgesetzt sind, wird das Weibchen in sein angestammtes Aquarium zurückgesetzt.

Dünger

Obwohl die CO_2-Düngung und die Mineraldüngung für die Pflanzen physiologisch vergleichbare Prozesse sind, werden sie in der Aquaristik getrennt dargestellt, zumal es sich um technisch unterschiedliche Verfahrensweisen handelt. Echte Wasserpflanzen nehmen die benötigten Mineralstoffe über ihre Blattoberflächen auf. Wasserpflanzen besitzen entweder gar keine Wurzeln oder nur wurzelähnliche Strukturen, die weniger der Nährstoffaufnahme, sondern mehr der Verankerung im Untergrund dienen. Deshalb erfolgt die Nährstoffversorgung bei reinen Wasserpflanzen ausschließlich über im Wasser gelöste Stoffe. Für die echten Wasserpflanzen ist ein im Wasser gelöster Dünger wichtig. Nach dem Wasserwechsel ist es zudem sinnvoll, ein Wasseraufbereitungsmittel zuzusetzen.

Das Futter

Neben den Standardfuttersorten wie Flocken und Granulat müssen Sie Ihren Fischen hin und wieder auch etwas Besonderes bieten. Damit sich die Futterflocken nicht auf der gesamten Wasseroberfläche verteilen, hat sich ein schwimmender Futterring bewährt, der das Futter beisammen hält. Für solche Ringe gibt es auch siebartige Einsätze für Wurmfutter wie *Tubifex* und Enchyträen, die dadurch nicht einfach als Klumpen nach unten fallen, sondern besser einzeln von den Fischen erwischt werden können.

Auch Futtertabletten, die leckere gefriergetrocknete Futtertierchen enthalten, sind ein ausgezeichnetes Zusatzfutter. Manche Tabletten können einfach innen an die Aquarienscheibe geklebt werden.

Die Aquarienpflege

Neben der täglichen Fütterung und Kontrolle der technischen Geräte fallen der wöchentliche Teilwasserwechsel und die Filterreinigung als notwendige Arbeiten an. Auch die Pflanzen bedürfen einer gewissen Pflege.

Vor dem regelmäßigen Wasserwechsel werden die Aquarienscheiben gereinigt und von anhaftenden Algen und Schmutz befreit. Eventuell herabfallende Algenreste werden später mit abgesaugt (s. a. S. 48).

An der Oberfläche schwimmende Pflanzenreste und Wasserlinsen werden mit einem Kescher oder einem zweckentfremdeten Teesieb abgefischt. Achten Sie aber darauf, daß Sie keine Jungfische miterwischen!

Die Stengelpflanzen wie das Carolina-Fettblatt müssen regelmäßig gekürzt und ihre Spitzen neu eingesetzt werden (s. a. S. 46 ff). Von den Rosettenpflanzen wie den verschiedenen Amazonas-Schwertpflanzen werden ältere, unschöne Blätter entfernt. Falls diese Pflanzen beginnen, zu groß zu werden, dann müssen auch einige der jüngeren Blätter abgeschnitten werden, damit die Pflanzen im Wachstum etwas eingeschränkt werden. Auch die niedrigwüchsige Vordergrundbepflanzung wird gepflegt und gegebenenfalls mit Ablegern sowie neuen Pflänzchen ergänzt.

Fischkrankheiten

Leider sind die Fische für einige Krankheiten anfällig. Nicht alle davon können heute zufriedenstellend behandelt werden, viele sind aber – rechtzeitig erkannt – keine große Gefahr. In diesem Buch können aus Platzgründen keine Krankheiten behandelt werden, deshalb muß hier auf die spezielle Fachliteratur verwiesen werden.

Grundsätzlich gilt, daß viele Krankheiten oft typische **Schwächekrankheiten** sind, also dann auftreten, wenn der Fisch bereits vorgeschädigt ist. Optimale Haltungsbedingungen helfen deshalb, Krankheiten vorzubeugen.

Manche Aquarienfische, vor allem Guppys und der Zwergfadenfisch, erweisen sich als besonders anfällig für **bakterielle Flossenfäule** und **Bauchwassersucht**. Schon ein kurzzeitiger Filterausfall, ein Transport oder Unterkühlung, wahrscheinlich auch organische Belastungen des Wassers, können zum Ausbruch dieser, für die Fische gefährlichen Krankheit führen. Oft muß der Aquarianer aufgrund dieser Krankheit unnötige Verluste an liebgewonnenen und wertvollen Fischen hinnehmen. Als recht wirksames Gegenmittel hat sich das Tetrahydrofuran (Handelsnamen: Furanace-P, AquaFuran, Furamor u. a.) bewährt.

Die **Fischtuberculose** wird von verschiedenen Bakterien verursacht. Sie wird durch schlechte Bedingungen im Aquarium gefördert. Die Tuberculose (Tbc) kann sich unterschiedlich äußern und ist äußerlich nicht immer eindeutig bestimmbar. Bauchwassersucht, Löcher im Körpergewebe, Schuppensträube und Glotzaugen sind typische Merkmale dieser Krankheit bei Aquarienfischen. Die Erkrankung kann derzeit nicht geheilt werden.

Offene Wunden der Fische können leicht von parasitischen Algen – die von den Aquarianern meist als „**Verpilzung**" (Saprolegnia) bezeichnet werden – infiziert werden. Kochsalz (ca. 20 g NaCl/l zu 15 min), besser Ektozon sowie das Silberkolloid Fungi-Stop, ins Haltungsaquarium verabreicht, schaffen in den Anfangsstadien Abhilfe.

Phallocerus caudimaculatus

Xiphophorus helleri

Xiphophorus maculatus

Selbst in Aquarien, in denen über lange Zeiträume kein neuer Fisch eingesetzt wurde, kann es, beispielsweise nach einem Wasserwechsel, zum Ausbruch der **Weißpünktchenkrankheit**, *Ichthyophthirius multifiliis*, kommen. Die Erreger dieser Krankheit setzen sich in der Haut der Fische fest und bilden dort etwa 1 mm große weiße Kapseln, die mit dem bloßen Auge gut erkannt werden können. Nach einigen Tagen werden aus den in der Haut der Fische verkapselten Parasiten Schwärmer frei, die im freien Wasser schwimmen und sich schließlich erneut auf der Haut und den Kiemen der Fische ansiedeln, dort neue Kapseln bilden und den Fisch letztendlich so stark schwächen, daß er stirbt.

Vor allem Jungfische sind gegen die **Samtkrankheit**, *Oodinium pillularis*, empfindlich. Diese Krankheit ist etwas schwieriger als *Ichthyophthirius* zu erkennen, denn die Erreger sitzen als kleine, deutlich unter 1 mm große Pünktchen auf der Haut. Befallene Fische schaukeln, scheuern sich an Gegenständen, klemmen die Flossen und fressen schlecht. Unbehandelt führt die Krankheit zum Tod. Der Fachhandel hat auch hier gut wirkende Medikamente. Außerdem wirkt gelegentlich – zumindest vorübergehend – eine Salzzugabe zum Aquarienwasser hemmend auf die weitere Ausbreitung. Zehn Gramm Salz pro Liter Aquarienwasser (ein gut gehäufter Teelöffel) muß es allerdings schon sein. Nach Abklingen der Krankheit muß dann möglichst bald ein größerer Wasserwechsel durchgeführt werden, sonst leiden die Pflanzen.

Ichthyophthirius und *Oodinium* sind **Ektroparasiten**. Die Schwärmer dieser Wimpertierchen können mit Malachitgrün(-Oxalat) (Cu-Komplexe; fertig im Zoohandel erhältlich) zum Absterben gebracht werden. Bei frühzeitiger Behandlung besteht für die Fische keine Gefahr. Manche Fische reagieren auf Kupfer-Verbindungen im Wasser mit deutlichem Unwohlsein (Flossenklemmen). Lediglich bei Mischinfektionen oder bei geschwächten Fischen besteht eine Gefahr für die Fische.

Die Fische

Neben den Lebendgebärenden sind auch einige weitere Arten zur sinnvollen Vergesellschaftung geeignet. Weil die Lebendgebärenden sich bevorzugt in den mittleren und oberen Wasserschichten aufhalten, passen unterschiedliche Panzerwelse, vor allem aus der Gattung *Corydoras*, sehr gut zu diesen Fischen. Es gibt Panzerwelse sehr unterschiedlicher Färbungen und Ansprüche. Achten Sie bitte darauf, daß Sie Ihre Welse nicht nur nach der Attraktivität, sondern auch nach der Eignung für ein Gesellschaftsaquarium auswählen. Am besten entscheiden Sie sich also nicht für besonders empfindliche Arten.

Die bereits erwähnten algenfressenden Siamesischen Grünflossenbarben, *Crossocheilus siamensis*, können nach der Einlaufphase des Aquariums, also nach etwa zwei Monaten in ein anderes Aquarium umgesetzt werden, um nun dort ihrer Aufgabe nachzugehen. Aufgrund ihrer Herkunft aus Südostasien passen sie nicht gut zu den mittelamerikanischen lebendgebärenden Zahnkarpfen. Daß den Fischen die unterschiedliche Herkunft aber völlig gleichgültig ist, beweist die Tatsache, daß sich die südamerikanischen Kaisersalmler, *Nematobrycon palmeri*, gerne dem Schwarm der Grünflossenbarben anschließen. Solche gemischten Schwärme sind häufiger zu beobachten und treten meist dann auf, wenn die Fische eine ähnliche Körperzeichnung aufweisen. Zu den Segelkärpflingen, *Poecilia velifera*, die den Schwerpunkt in unserem Aquarium bilden, und die sich unter idealen Bedingungen rasch vermehren, passen gut weitere lebendgebärende Zahnkarpfen. Etwas empfindlich, aber in dicht bepflanzten und versteckreichen Aquarien durchaus zur Vergesellschaftung geeignet, ist der kleine, nur 4 cm Länge erreichende Kaudi, *Phallocerus caudimaculatus*. Auch Schwertträger, *Xiphophorus helleri*, und Platys, *Xiphophorus maculatus*, sind gute Gesellschafter für die Segelkärpflinge, mit einem ähnlichen Temperament und insgesamt relativ friedlich.

Corydoras delphax

Crossocheilus siamensis & *Nematobrycon palmeri*

Poecilia velifera-Weibchen im Ablaichkasten

Vom Segelkärpfling gibt es unterschiedliche Zuchtformen, die teilweise etwas empfindlicher als die Wildform sind. Dies gilt vor allem für die weiß-silberne Variante. Einmal eingewöhnt, machen diese prächtigen Fische aber keine Probleme. Bei einer Wassertemperatur von 22 bis 26 °C, einem pH-Wert von 7 bis 8 und einer Wasserhärte zwischen 12 und 20 °dGH, bei einer Karbonathärte von 4 bis 10 °KH, fühlen sie sich wohl. Diese Härte entspricht etwa einer elektrischen Leitfähigkeit von 300 bis 670 µS/cm. Aber auch wenn die Werte etwas davon abweichen und die Segelkärpflinge ansonsten optimal gepflegt werden, dann schadet ihnen dies überhaupt nicht.

Das Diskusfischaquarium

Dem König der Aquarienfische soll hier selbstverständlich auch ein Kapitel gewidmet sein. Dafür ist eine Mindestgröße des Aquariums erforderlich, die 120 l für ein erwachsenes Paar nicht unterschreiten darf. Wenn eine Rückwand eingebaut und ein Innenfilter installiert werden, dann ist der dadurch verbrauchte Raum – ebenso wie jener für den Bodengrund und der obere Rand, da das Aquarium ja nicht ganz gefüllt ist – vom Gesamtinhalt abzuziehen.

Symphysodon aequifasciatus

Symphysodon aequifasciatus

Die Rückwand

Für Diskusfische entscheiden wir uns für ein naturnah gestaltetes Aquarium, in das eine der Natur nachempfundene plastische Rückwand, die ein Ufer mit einer Baumwurzel darstellt, eingeklebt wird.

Die Bearbeitung der Rückwand ist nicht ganz einfach, und wenn von der fertig gelieferten Rückwand noch ein Streifen abgeschnitten werden muß, dann wird dies am besten vom Fachmann wie einem Tischler durchgeführt. Wichtig ist es, daß Sie die Information weitergeben, daß der Schnitt leicht konisch vorgenommen werden muß, denn nur dann läßt sich die Rückwand problemlos ins Aquarium stellen und verkleben.

Zunächst wird die Paßgenauigkeit durch ein erstes Hineinstellen geprüft. Dann wird die Unterseite der Rückwand und – wenn genügend Spielraum für die Handhabung bleibt – auch eine Seite mit einer frischen Silikonwulst versehen. Nun kommt die Rückwand an den vorgesehenen Standort. Zwischen nicht verklebter Seite und der anderen Seite des Aquariums wird kein Klebewulst vorgesehen, da dort Wasser hindurchströmen soll, damit es in den später hinter der Rückwand sitzenden Filter gelangt. An dieser Seite kann die Wand aber zusätzlich mit zwei Silikonkleckserm oben und unten gesichert werden.

Anfangs ist das Silikon noch weich, so daß nötigenfalls noch Korrekturen vorgenommen werden können. Aber auch später ist Silikon recht problemlos mit einem scharfen Messer wieder aufschneidbar.
Als Klebstoff verwenden wir am besten schwarzes Silikon, das für die Aquaristik geeignet sein muß, also mit Essigsäure abbindet und nicht mit anderen Bindungsstoffen, die diese ansonsten später im Betrieb des Aquariums das Wasser vergiften würden. Als Farbe wird schwarz gewählt, weil in das transparente Silikon im Laufe der Zeit Algen hineinwachsen und dadurch die Klebenaht nach und nach zerstören können.
Das Silikon muß einige Zeit an der Luft trocknen, so daß das Aquarium mit der Rückwand nun am besten etwa zwei Tage lang unberührt stehen bleibt. Anschließend wird vor der Inbetriebnahme des Aquariums noch einmal alles auf Sitz und Paßgenauigkeit geprüft.

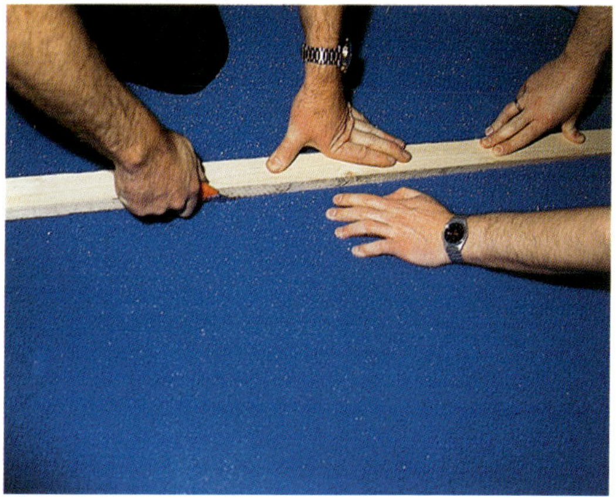

Der Filter

Hinter der Rückwand ist genügend Platz, um dort ein vollständiges Filtersystem mit blauem Filterschaumstoff, der passend zugeschnitten werden muß, Filterkeramik als Biosubstrat, Filterwatte und nötigenfalls auch Fasertorf unterzubringen. Das Wasser wird mit einer Pumpe zur

Vorderseite zurückbefördert. Trotz der reichlich bemessenen Filtermittel bleibt genügend Platz, um auch einen Regelheizstab, ein Thermometer und andere Installationen unterzubringen. Auch Aktivkohle, die nötigenfalls nach einem Medikamenteneinsatz gebraucht wird, kann dort in einem Beutel untergebracht werden.

Der Bodengrund

Im hier vorgestellten Beispiel wird kein Bodenheizkabel verwendet. Wenn Sie zur Förderung des Pflanzenwuchses ein solches vorgesehen haben, so müssen Sie dieses erst installieren (vgl. S. 12).

In bereits zuvor beschriebener Weise wird zunächst etwas mit Dünger versetzter Bodengrund ins Aquarium eingebracht und gleichmäßig verteilt. Darüber kommt dann ein dunkelbrauner Kies von 1 bis 2 mm Körnung. Der Kies muß gut ausgewaschen werden, damit die anfängliche Trübung des Aquarienwassers nicht zu intensiv ausfällt (vgl. S. 35-36).

Alternativ haben wir uns letztendlich für feinen weißen Amazonassand entschieden, wie er im Lebensraum der Diskusfische vorkommt. Dieser ist aber für den Pflanzenwuchs nicht so günstig, weil er schlecht von Wasser durchströmt wird und dadurch den Nährstofftransport behindert.

Härtefrei – Körnung 1-2 mm.
Gravier de Quartz Cristallin
Inhalt/Contenu: 5 kg
Rehbraun
Fauve

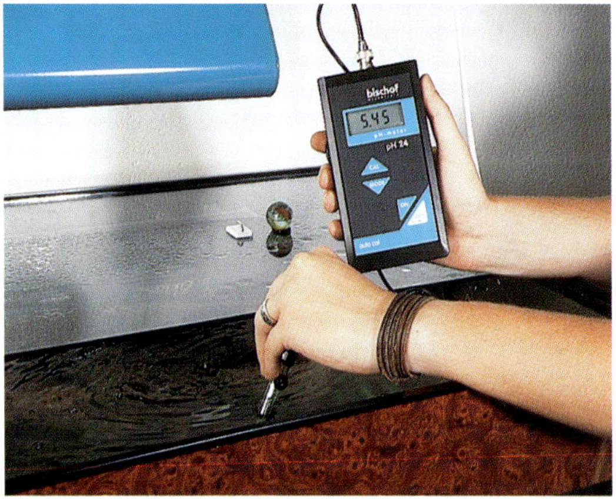

Die Dekoration

Nach dem Einlaufenlassen von zwei Dritteln des Wassers des Aquariums, in bewährter Weise mit unterlegen eines Gegenstands, um den Wasserstrahl zu brechen, können die weiteren Dekorationsgegenstände plaziert werden.

Moorkienholz paßt als zusätzliche Dekoration hervorragend zur Rückwand. Sind die Holzstücke zu groß, um sie zuvor auskochen oder in einer Wanne wässern zu können, dann müssen sie wenigstens vor dem Gebrauch mit heißem Wasser übergossen und vom gröbsten anhaftenden Schmutz gereinigt werden.

Steine als Dekoration dürfen keinen Kalk enthalten, der sich im Wasser lösen und es unerwünscht aufhärten würde. Auch eventuell im Gestein enthaltene Metalle können den Diskus und anderen Fischen gefährlich werden. Zur Sicherheit erwerben Sie die zur Aquariendekoration vorgesehenen Steine bei Ihrem Zoofachhändler.

Die Wasserwerte

Nach dem Einbringen dieser Dekostücke wird das Wasser zunächst aufgefüllt und es werden alle wichtigen Wasserwerte wie pH-Wert, Gesamt- und Karbonathärte sowie elektrische Leitfähigkeit überprüft. Für die Pflege von Diskusfischen darf auch kein Ammoniak, kein Nitrit und kaum Nitrat

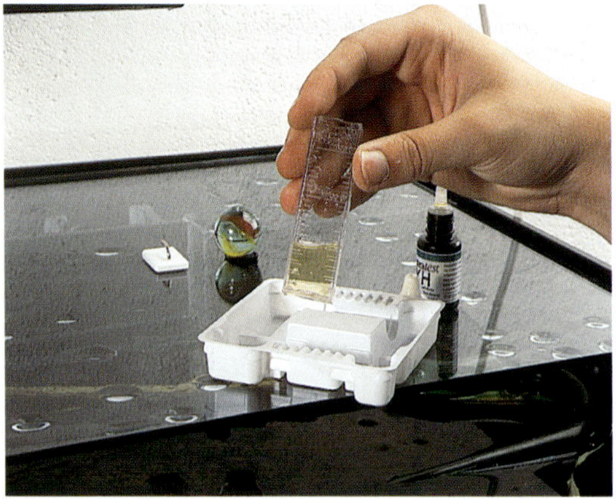

im Wasser nachweisbar sein! Auch später müssen die Werte regelmäßig kontrolliert werden. Falls Sie junge Diskusfische pflegen, dann müssen Sie auch dem Nitratwert Beachtung schenken, denn zu hohe Nitratgehalte schränken das Wachstum der Jungfische ein und verursachen Schäden, die später nicht mehr korrigiert werden können. Dadurch bleiben die betroffenen Diskus zeitlebens kleiner als andere, unter optimalen Bedingungen aufgewachsene, und auch ihre Lebenserwartung ist erheblich geringer. Am besten machen Sie es sich zur Routine, etwa mindestens einmal in der Wochen alle Wasserwerte zu überprüfen.

Die Technik

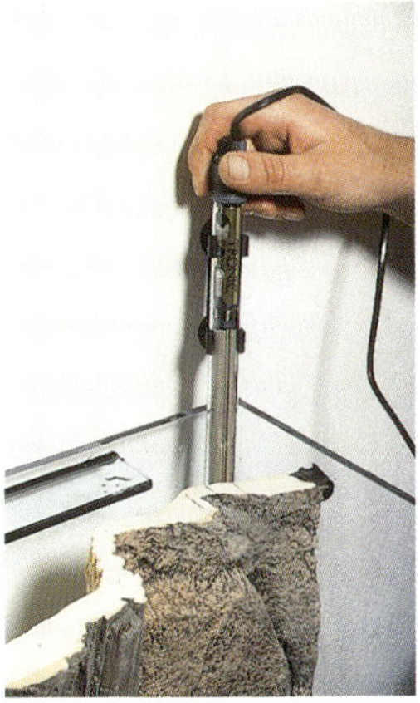

Neben der bereits erwähnten, hinter der Rückwand versteckten Filterung ist eine Menge weitere Technik nötig und gegebenenfalls zu installieren. Dazu zählen unter anderem Heizung, Kohlendioxidversorgung, Oxydator, Wasserenthärtung in Form von Ionenaustauscher oder besser Umkehrosmoseanlage, UV-Klärung und – nicht zuletzt – Beleuchtung.

Eine Kahmhaut

Manchmal bildet sich an der Oberfläche ein unschöner grauer oder metallisch schimmernder Film. Diese Kahmhaut ist nicht weiter schädlich, doch ist sie unschön und behindert den Gasaustausch an der Wasseroberfläche. Sie besteht aus Mineralstoffen, Staub und Mikroorganismen. Die Kahmhaut kann leicht mit Küchentüchern oder Löschpapier abgezogen werden. Falls sie immer wieder kommt, empfiehlt es sich, den Filter mit einem Oberflächenabsauger zu versehen.

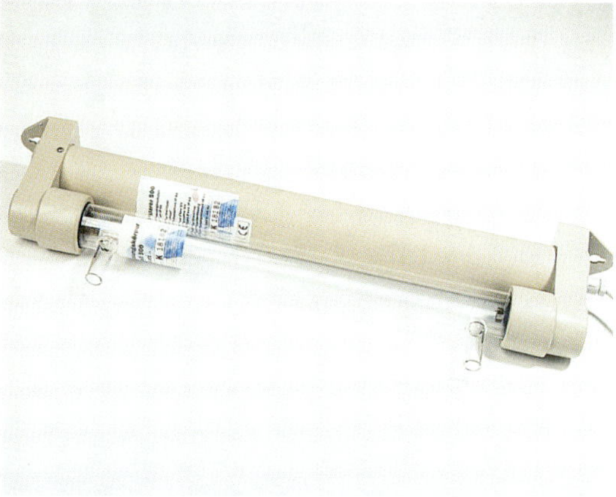

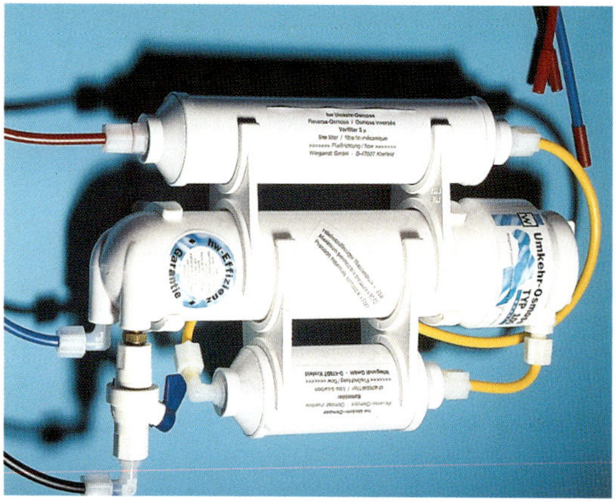

UV-Klärung

Die UV-Klärung dient der Abtötung von Mikroorganismen, wie unerwünschten Krankheitskeimen oder Algen. Leider werden auch die nützlichen Bakterien mit abgetötet, die beim Stoffumsatz im Aquarium tätig sind. Die im Filter angesiedelten „Nutzbakterien“ werden aber dadurch nicht beeinflußt.

Da die Röhre am Rückführschlauch des Filters zwischengeschaltet wird, ist sie nur am Außenfilter problemlos anzuschließen. Für größere Diskusfischaquarien bietet es sich aber ohnehin an, zur Sicherheit zwei voneinander unabhängige Filtersysteme zu betreiben.

Umkehrosmose

Für die Diskusfische wird ein weiches, leicht saueres Wasser benötigt. Ideal sind eine Gesamthärte unter 8 °dGH und ein pH-Wert zwischen 6,0 und 6,5. In Mitteleuropa gibt es kaum ein Leitungswasser, das diesen Werten entspricht. Für die Diskuspflege und erst recht für die Zucht müssen optimale Wasserbedingungen geschaffen werden. Auch der Pflanzenwuchs profitiert von weichem Wasser. Da die Wasseraufbereitung mit Ionenaustauschern nicht mehr zeitgemäß ist, denn zur Regenerierung der Austauscherharze muß regelmäßig mit konzentrierten Säuren und Laugen hantiert werden, empfehlen wir die Anschaffung einer Umkehrosmoseanlage. Diese Anlage wirkt praktisch wie ein extrem feinporiger Filter, der nur die Wassermoleküle passieren läßt, während die anderen im Wasser gelösten Substanzen zurück gehalten werden. Dieser konzentrierte Rückstand besteht aus hartem Wasser, das leider teilweise verworfen werden muß, denn es ist zum Fensterblumengießen zu hart, aber im Garten noch verwendbar. Die Menge des Abfallwassers ist von der Qualität des Umkehrosmosegeräts abhängig. Auf der anderen Seite tritt das fast reine H_2O aus. Auch die „Qualität“, also Reinheit, ist von der Gerätequalität abhängig. – Lassen Sie sich von Ihrem Zoofachhändler beraten!

Eleocharis parvulus

Eleocharis vivipara

Hygrophila difformis

Glossostigma elatinoides

Die Pflanzen

Im Diskusfischaquarium können alle Pflanzen Verwendung finden, die mit dem weichen und sauren Wasser zurecht kommen. Dabei spielt die geographische Herkunft der Pflanzen keine Rolle, denn die Diskus unterscheiden nicht zwischen den unterschiedlichen Pflanzenarten. Außerdem sind unsere Diskus ja wahrscheinlich Nachzuchten, welche die Verhältnisse in der Natur gar nicht kennen. In den meisten Lebensräumen der Diskusfische wachsen zwar aufgrund des mineralarmen Wassers und der starken Beschattung durch die Tropenwaldriesen gar keine Wasserpflanzen, aber der Wirkung des Aquariums kom-

Micranthemum micranthemoides

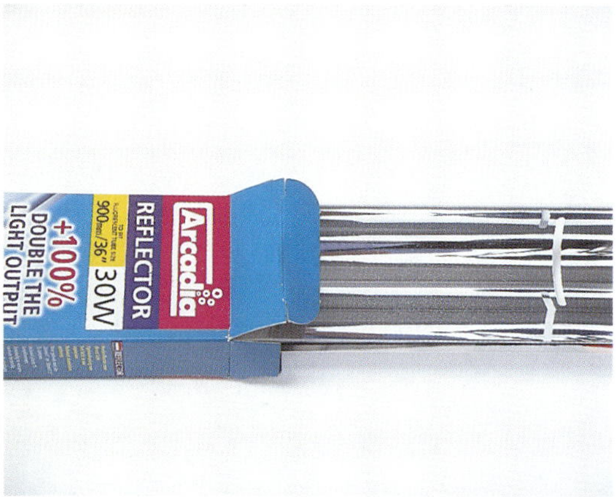

men sie sehr zugute. Deshalb sind zumindest einige Pflanzen vorzusehen, denn sie werten nicht nur den optischen Eindruck des Aquariums auf, sondern sie verbessern auch das Aquarienmilieu. Reflektoren über den Leuchtstoffröhren verbessern die Ausnutzung des ausgestrahlten Lichts, was das Pflanzenwachstum fördert.
Nach der Bepflanzung dürfen aber die Diskus leider noch lange nicht ins neue Heim einziehen, denn das Aquarium muß noch mindestens drei Wochen lang eingefahren werden, bis die Wasserwerte ausreichend gut und stabil sind, um den Diskus ein sicheres Leben bieten zu können.

Ampullaria cf. scalaria

Selbstverständlich können aber schon einige der robusteren Algenfresser ins Aquarium einziehen, denn sie sind sehr wichtig, damit es keine Algenplage gibt. Apfelschnecken sind für das Diskusfischaquarium leider nicht als Gesellschafter geeignet. Zwar handelt es sich bei den im Fachhandel erhältlichen Schnecken fast immer um Nachzuchten, so daß kein Risiko mehr besteht, daß sie für Fische gefährliche Krankheiten einschleppen oder übertragen, aber in der Einfahrphase des Aquariums darf nicht gefüttert werden und bei Nahrungsmangel oder falscher Fütterung machen sich unsere ungewöhnlichen Gäste über die Aquarienpflanzen her.

Die Fische

Es gibt prächtige Diskusfische vieler Farbvarianten, so daß kaum Wünsche offen bleiben müssen. Vor allem Qualitätsnachzuchten aus deutschen Betrieben mögen auf den ersten Blick ein paar Mark teurer erscheinen, doch lohnt sich diese Investition für kerngesunde Fische, denn was dadurch an Nerven, Streß und Fischmedikamenten eingespart wird, ist eigentlich unbezahlbar. Gesunde Fische bereiten einfach mehr Freude, und wenn die Bedingungen im Aquarium und das Futter stimmen, dann ist vielleicht auch eine Nachzucht in Ihrem Heimaquarium nicht unmöglich.

Manchmal laichen die Diskusfische sogar an technischen Geräten ab. Beim Regelheizstab ist dies nicht so günstig, denn er muß dann ausgeschaltet werden, sonst sterben die Eier ab. Die notwendigen 30 °C Wassertemperatur können aber ja mit einem Ersatzheizstab, den der vorsorgende Aquarianer ohnehin vorrätig hat, eingeregelt werden. Manchmal laichen die Diskus auch am Oxydator. Dieses Gerät muß für später, wenn aufgrund der Zahl der Jungfische, der Besatz des Aquariums sehr dicht wird, ohnehin eingeplant werden. Die korrekte Sauerstoffversorgung ist eine der wichtigsten Voraussetzungen für die problemlose Aufzucht der Jungen.

Salinenkrebschenkultur

Frischgeschlüpfte Salinenkrebschen, *Artemia salina*, sind das ideale Jungfischfutter für kleine Diskus (und viele andere Jungfische), wenn sie beginnen, neben dem Hautsekret der Eltern andere Nahrung anzunehmen. Ein sehr gutes Hilfsmittel als Schlüpfhilfe ist die *Artemia*-Aufzuchtschale (System Dohse). In einem halben Liter Wasser werden zwei Teelöffel, also etwa 15 g, jodfreies Kochsalz aufgelöst. Dieses wird in die Aufzuchtschale geschüttet, bis sie bis zur Markierung gefüllt ist. Die weiße Trennscheibe zum Fernhalten der *Artemia*-Eier wird in die Mitte eingesetzt. In den äußeren Kreis werden, je nach benötigter Krebschenmenge ein bis sechs Löffelchen *Artemia*-Eier eingefüllt. Die Schale wird mit dem schwarzen Deckel verschlossen und dieser auf die Position geschlossen gedreht, so daß kein Licht von außen eindringen kann. Bei Raumtemperatur schlüpfen die Larven, auch Nauplien genannt, nach eineinhalb bis zwei Tagen. Sie streben dem Licht zu und sammeln sich deshalb in der Mitte über dem Sieb, so daß sie problemlos entnommen und verfüttert werden können. Die Schale und anderen Gerätschaften müssen nach jedem Gebrauch gründlich mit klarem Wasser gereinigt werden. Mit speziellem Aufzuchtfutter können die Salinenkrebschen auch in einem kleinen Extraaquarium größer gezogen werden.

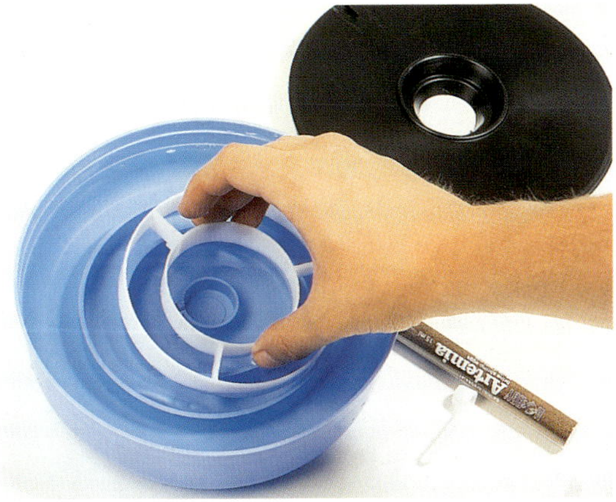

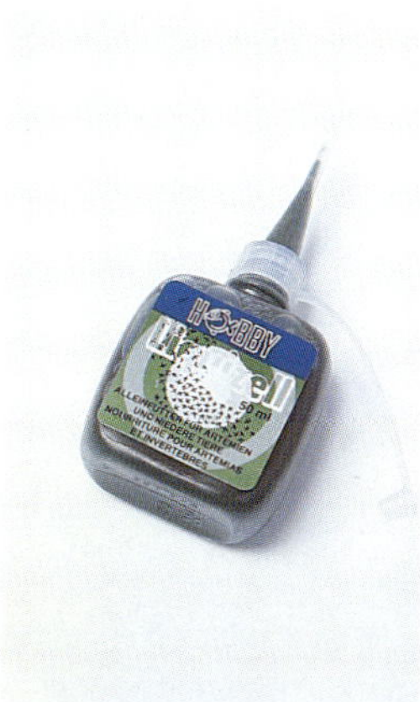

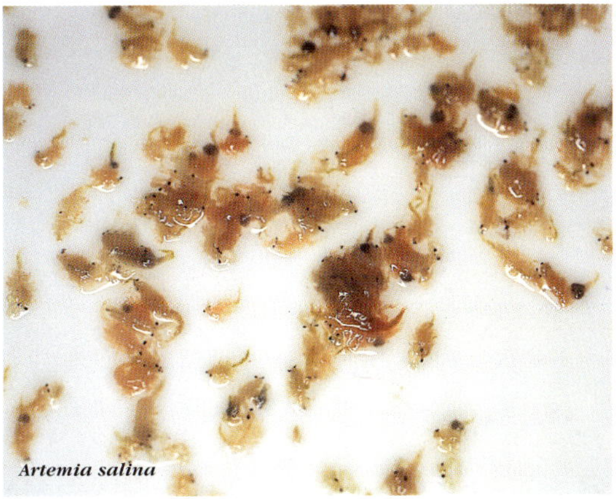

Artemia salina

Panzerwelse der Gattung *Corydoras* können gut mit Diskusfischen vergesellschaftet werden, sofern das Aquarium groß genug ist und die Diskus von den Welsen nicht belästigt werden. Achten Sie aber darauf, daß Sie gesunde Welse erwerben, denn auch diese Fische könnten Krankheiten einschleppen. Am besten halten Sie die Welse drei Wochen in einem Quarantäneaquarium, ehe Sie sie zu den Diskusfischen setzen.

Bei der Beachtung aller wichtigen Punkte werden Sie bestimmt viel Freude an Ihren Diskusfischen haben.

Symphysodon aequifasciatus

DOKTER THUIS